二战经典战役系列丛书

抢滩诺曼底

白隼　编著

北方联合出版传媒(集团)股份有限公司
万卷出版公司

ⓒ 白隼 2018

图书在版编目（CIP）数据

抢滩诺曼底 / 白隼编著. — 沈阳：万卷出版公司，
2018.8

（二战经典战役系列丛书）

ISBN 978-7-5470-5020-0

Ⅰ．①抢… Ⅱ．①白… Ⅲ．①美英联军诺曼底登陆作
战（1944）– 史料 Ⅳ.①E195.2

中国版本图书馆CIP数据核字（2018）第169375号

出 品 人：刘一秀
出版发行：北方联合出版传媒（集团）股份有限公司
　　　　　万卷出版公司
　　　　　（地址：沈阳市和平区十一纬路25号　邮编：110003）
印 刷 者：辽宁新华印务有限公司
经 销 者：全国新华书店
幅面尺寸：170mm×240mm
字　　数：208千字
印　　张：14.5
出版时间：2018年8月第1版
印刷时间：2018年8月第1次印刷
丛书策划：陈亚明　李文天
责任编辑：赵新楠
特约编辑：吴海兵
责任校对：张希茹
装帧设计：亓子奇
ISBN 978-7-5470-5020-0
定　　价：49.80元
联系电话：024-23284090
传　　真：024-23284448

前　言

　　1931 年 9 月 18 日，日本关东军在沈阳制造了九一八事变，日本帝国主义的魔爪开始伸向有着五千年文明的中华大地，中国最屈辱的历史从此开始。1939 年 9 月 1 日，希特勒独裁下的德国军队闪击波兰，欧洲大地不再太平，欧洲人的血泪史从此开始书写。一年后，德国、意大利、日本三个武装到牙齿的独裁国家结盟，"轴心国"三个字由此成为恐怖、邪恶、嗜血的代名词。

　　德、意、日三国结盟将侵略战争推向极致。这场战争不仅旷日持久，而且影响深远。人类自有战争以来从未有过如此大规模、大杀伤力、大破坏力的合伙野蛮入侵。"轴心国"的疯狂侵略令全世界震惊。

　　面对强悍到无以复加的德国战车，面对日本军队疯狂的武士道自杀式攻击，被侵略民族不但没有胆怯，反而挺身而出，为了民族独立，为了世界和平，他们用一腔热血抒写不屈的抵抗，用超人的智慧和钢铁意志毫不犹豫地击碎法西斯野兽的头颅。

战役是孕育名将的土壤，而名将则让这块土壤更加肥沃。这场规模空前的世界大战，在给全世界人民带来无尽灾难的同时，也造就了军事史上几十个伟大的经典战役，而这些经典战役又孕育出永载史册的伟大军事家。如果把战役比作耀眼华贵的桂冠，那么战役中涌现出的名将则是桂冠上夺目的明珠。桂冠因明珠而生辉，明珠因桂冠而增色。

鉴于此，我们编辑出版了这套《二战经典战役系列丛书》。其实，编辑出版这套丛书是我们早已有之的宏愿，从选题论证、搜集资料、确定方向到编撰成稿，历经六个春秋。最终确定下来的这20个战役可谓经典中的经典，如历史上规模最大的海战莱特湾大战，历史上规模最大的航母绝杀，历史上规模最大、最惨烈的库尔斯克坦克绞杀战……我们经过精心比对遴选出的这些战役，个个都特色鲜明，要么让人热血沸腾，要么让人拍案叫绝，要么让人扼腕叹息，抑或兼而有之。这些战役资料的整理花费了我们相当多的时间和精力，兴奋、激动、彷徨、纠结，一言难尽。个中滋味，唯有当事人晓得。

20个战役确定下来后就是内容结构的搭建问题。我们反复比对已出版的类似书籍，经过研究论证，最终形成了自己的特色。历史拐点（时间点）往往是爆发点，决定历史的走向，而在这个历史拐点上，世界上其他地方正在发生什么？相信很多人对此都会比较感兴趣。因此，我们摈弃了传统的单纯纪事本末叙述方式，采用以时间轴为主兼顾本末纪事的新颖体例。具体来说，就是在按时间叙事的同时，穿插同一时间点上其他战场在发生什么，尤其是适当地插入中国战场的情况，扩大了读者的视野。

本套丛书共20册，每册一个战役，图文并茂，具有叙事的准确性与故事的可读性，并以对话凸显人物性格和战争的激烈与残酷。每册包含几十幅精美图片，并配有极具个性的图说，以图点文，以文释图，图文相得益彰。另外，本套丛书还加入了大量的原始资料（文件、命令、讲话），并使其自然融入相关内容。这样，在可读性的基础上，这套丛书又具备了一定的史料价值，历史真实感呼之欲出，让读者朋友不由自主地产生一种穿越的幻觉。

本套丛书的宗旨是让读者朋友在轻松阅读的同时，对第二次世界大战有一个整体的认知，力求用相关人物的命令、信件、讲话帮助读者触摸真实的历史、真实的战场，真切感受浓浓的硝烟、扑鼻的血腥和二战灵魂人物举手投足间摄人心魄的魅力。

品读战役，也是在品读英雄、品读人生，更是在品读历史。战役有血雨腥风，但也呼唤人道。真正的名将是为阻止战争而战的，他们虽手持利剑，心中呼唤的却是和平。相信读者朋友在读过本套丛书后，能够对战争和名将有一个不一样的认识。

最后，谨以此书献给那些为和平、为幸福奋斗不息的人们！

目　录

第一章

"霸王" 计划横空出世

　　"霸王" 行动，这一庞大计划的实施耗费了大量钢铁和人力，价值 2500 万英镑。有 70 多艘船只为建造 "醋栗树" 而沉入海底。另外，大约动用了 132 艘拖船，把除沉船外全部建筑构件拖过海峡。这样，"霸王" 计划才逐渐具备了雏形。

◎ 想登陆，我早有防御

　　英美盟军于 1943 年的七、八月间实施了西西里岛登陆，将意大利独裁者墨索里尼赶下了台，并一举消灭了意大利境内的德意法西斯联军，为盟军在地中海及南欧的自由行动扫清了障碍。西西里岛登陆是二战爆发以来盟军实施的最大规模的登陆战，也是更大规模的诺曼底登陆的预演。

意大利独裁者墨索里尼

　　对登陆地点的选择，英美两国当初是有分歧的。英国主张在意大利南部的西西里岛登陆，这样做的目的是以较少的兵力迫使墨索里尼政府垮台，进而加速纳粹德国的覆灭。美国则主张在法国海岸登陆，直接加速纳粹德国的灭亡，但这样做动用的兵力显然要比在西西里岛登陆多得多，因为希特勒在西线部署了重兵并构筑了坚固的防御体系。经过英美两国领导人磋商，美国最终做出妥协，一致决定先实施西西里岛登陆，后实施诺曼底登陆，可以说这两次登陆的准备工作几乎是同时进行的。

希特勒和墨索里尼

实际上，对于英美盟军在西欧抢滩登陆的计划，希特勒和他的将领们早就有所警觉，并且采取了一定的防范措施。希特勒于 1942 年 3 月 23 日专门发布了加强海岸地区防御力量的第 40 号作战指令，指令全文如下：

元首兼国防军最高司令 元首大本营 柏林

国防军统帅部／国防军指挥参谋部／国防处 1942 年 3 月 23 日

1942 年第 001031 号绝密文件

仅传达到军官

一、情况概要

不久之后，敌军有在欧洲海岸实施大规模登陆的可能。敌军不仅从军事上来确定其登陆的时间与地点，其他战场上的失败、对盟国承担的义务和政治上的考虑，也可能会促使其作出不仅仅从军事方面考虑的决定。

就算是敌军有限目标的登陆行动，只要这些登陆行动可以导致敌军在海岸地带建立立足点，就会打乱我们的计划。敌军有可能切断我们靠近海岸的海上交通线，牵制陆军和空军大量兵力，使他们无法参加重点地区的作战。敌军若占领了我们的机场或在已占领区建立了空军基地，那么情况将会非常严重。

位于海岸或海岸附近的各种重要军事设施和国防经济设施，也会招致敌军对局部地区实施突袭行动。

一定要特别重视英国准备在无设防的海岸实施登陆。敌军为此已经装备了大量的装甲登陆艇，准备好了战斗车辆和重型武器。务必要考虑到敌军实施较大规模的伞降和机降的情况。

二、海岸防御作战总指令

1. 海岸防御是我国防军的一项重要任务，要求各军种实施特别密切的不间断的协同动作。

2.情报机关和海军、空军应全力及时查明敌军为登陆进行准备、集结和开进的情况。之后，针对敌军装船或运输舰队情况，集中所有的海上和空中力量将敌军歼灭在尽可能远离海岸的水域。敌军有可能通过伪装和利用能见度不好的天气发动突然袭击，所以有可能遭受突袭的部队一定要作好充分的防御准备。

按照以往的经验，部队的注意力会随着时间的推移越来越松懈，防止这种情况的出现是指挥官最重要的任务之一。

3.在海域争夺战中，一定要运用新近取得的实战经验，把防御的准备和实施方面的责任明确地无条件地统一起来。

为此，主管司令一定要把国防军各军种的、国防军以外的组织与部队的，以及我国有关民事机关的所有可供使用的兵力兵器，都用于摧毁敌运输工具和歼灭敌登陆部队方面，从而将敌军的进攻扼杀在到达海岸之前，最迟在到达海岸之后。

对于已经登陆成功的敌军务必立即以反突击的方式将其歼灭或赶入大海。鉴于此，所有武装人员，无论属于国防军哪个军种或国防军以外的哪种部队，都要统一调配行动。但是，一定要保证：陆上的海军补给机构具有必要的工作能力；航空兵地面设施处于可使用状态；没有被地面战斗行动所摧毁的机场有高炮掩护。

这种情况下，所有指挥机关和部队均不许后撤。被派往海岸或海岸附近执行任务的德国男性必须配备武器并接受战斗训练。岛屿一旦落入敌手，势必会对大陆或沿海岸航行的舰船构成威胁，所以一定要阻止敌军占领这些岛屿。

4. 部署兵力及构筑工事时，防御的重点应设在可能首先成为敌军登陆场的海岸地段。

至于其他海岸地段，只要受到了哪怕是敌军小股部队的袭击，也要尽可能依靠海岸炮兵连实施支撑点式掩护。把所有重要的军事和国防经济设施纳入支撑点式掩护范围内。

上述原则同样适用于大陆对面的岛屿，对受到较少威胁的海岸地段也要进行警戒。

5. 海岸地段的划分由国防军各军种协商决定，必要时由第三条第 1 款规定的主管司令作出有约束力的决定。

6. 通过部署兵力、构筑工事和储备物资，我国防军即使遭遇优势之敌的攻击，也能较长时间地坚守筑垒地域和支撑点。

筑垒地域和支撑点的防御一定要坚持到底，绝不能因缺少弹药、给养和水而放弃。

7. 第三条第 1 款规定的主管司令应对海岸警戒作出规定，保证能迅速分析和集中国防军各军种的侦察结果，并将其通报有关军事指挥机关和民事机构。

敌军开始行动的征兆一旦出现，主管司令有权为在海上和空中实施统一的相互补充侦察而下达必要的指令。

8. 被派往海岸附近的国防军所属参谋部和部队以及国防军以外的所有组织和部队，没必要按常规观念行事。这些部队的宿营地点、警戒措施、武器装备、战斗准备及其对土地的利用，仅取决于必要性，尽可能迅速有力地抗击敌军的突袭。如果有必要，现在就可将居民迁走。

三、指挥权

1. 德国管辖范围内的海岸防御的准备和实施工作，由下述司令负责。

（1）东方战区（不包括芬兰）：

陆军总司令部指定的陆军司令。

（2）拉普兰德集团军司令部管辖的海岸地区：

拉普兰德集团军总司令。

（3）挪威：

驻挪威的国防军司令。

（4）丹麦：

驻丹麦的国防军司令。

（5）已占领的西方地区（包括荷兰）：

西线总司令。

驻丹麦和已占领的西方地区的主管司令在执行海岸防御任务时，直接受国防军统帅部领导。

（6）巴尔干半岛（包括已占领的岛屿）：

东南线国防军司令。

（7）"东方国"和"乌克兰"：

驻"东方国"和"乌克兰"的国防军司令；

（8）本土战区：

各位海军指挥将官。

2. 第三条第 1 款指定的司令，在上述任务范围内，对国防军各军种的指挥机关、有关的德国民事部门及其管辖范围内的国防军以外的部队和组织拥有指挥权。

他们将行使这样的职权：下达海岸防御所必须的有关战术、组织和补给方面的指令，并保证其顺利实施。他们可根据陆地作战的需要对训练施加影响。可提供必要的资料供他们使用。

3. 下达的指示和采取的措施中，重点包括：

（1）将军事和国防经济方面所有重要设施，特别是海军（潜艇基地）和空军的重要设施纳入筑垒地域或支撑点范围。

（2）统一控制海岸警戒工作。

（3）派步兵防守筑垒地域和支撑点。

（4）派步兵防守在筑垒地域和支撑点外面的所有单个哨所（海岸哨所、空情报知哨所）。

（5）用炮兵对付地面目标。在配置新的海岸炮兵连和调整现有海岸炮兵连的部署时，优先考虑海战要求。

（6）做好设施的防御准备、扩建和物资储备工作，以及设施外面单个哨所的防御准备和物资储备工作，包括配备实施防御需要的武器、地雷、手榴弹、喷火器、障碍器材等。

（7）一定要保证通信联络畅通。

（8）对防御任务范围内的战斗联合和步兵、炮兵训练进行检查。

4. 不管是地区指挥官还是地段司令，一旦接受防守某一海岸地段的任务即可得到同样的指挥权。

该指挥官和地段司令通常由第三条第1款指定的司令任命担负海岸防御任务的陆军师的师长担任。

各个地段或分地段尤其是空军和海军特别基地，只要空军或海军的地区指挥官或司令担负的其他任务允许，则应将整个防御责任交给他们。

5. 在作战方面，海军和空军部队隶属海军或空军指挥机关。不过，敌军在进攻海岸时，它们在自己战术作战能力的范围内，应遵照主管防御事务的司令的指令行动。鉴于此，务必将其编入情报交换系统，作为对它们进行使用的基础。另外，还要与其指挥机关保持密切的联系。

四、海岸防御中，国防军各军种的特别任务如下：

1. 海军

（1）建立和保护海岸交通线。

（2）训练和使用所有海岸炮兵，对付敌海上目标。

（3）使用海军部队。

2. 空军

（1）海岸地区的对空防御。

根据主管防御事务的当地司令的指示，前调可供使用的适于对付敌军空降的高射炮兵。

（2）扩建航空兵地面设施。机场若不在海岸防御的范围内，并得不到足够的掩护，则应扩大防空区域，以保护地面设施免遭来自敌人空中的攻击和地面的突袭。

（3）使用空军部队。

为了很好地执行上述特别任务，务必建立双重隶属关系。

五、与本指令相悖的一切命令和指示自 1942 年 4 月 1 日起作废。

主管司令按照我的指令发布的新的作战命令，可通过国防军统帅部呈报给我。

（签字）阿道夫·希特勒

加强海岸防御的指令下达后，希特勒任命陆军元帅龙德施泰特为西线总司令，命其从挪威到西班牙沿岸构筑一道坚固的海岸防御体系。希特勒把这个由成千上万个互相支援的雷达站、指挥所、岸炮连坚固支撑点构成的防御设施，命名为"大西洋壁垒"。

◎ "铁锤" 收起

    1942 年 4 月初，美国陆军参谋长马歇尔向总统罗斯福提出了一份代号为"波列罗 – 围歼"的作战计划。"波列罗"指的是调动盟国可以调动的一切人力、物力于英伦三岛，"围歼"指的是在 1943 年春季发动横渡海峡的总攻。这个计划主要是从军事因素考虑的，同时也兼顾了政治因素。从法国登陆，可以满足苏军和斯大林开辟第二战场吸引德军 40 个师的要求。"波列罗 – 围歼"计划指出：

    发动这次攻势的决定务必马上实施，因为需要进行大量的准备工作。攻势发动前，牵制西欧的德军非常重要，要运用策略，组织突击，令德军捉摸不透。如此一来，我们就能够获得有用的情报，同时也得到很好的锻炼机会。

    进攻的联合总兵力为 48 个师（包括 9 个装甲师），英国应派出 18 个师（包括 3 个装甲师）。支援进攻的空军需要 5800 架战斗机，其中 2550 架应由英国空军派出。

进攻的关键是速度。如果美国提供 60% 的运输部队的工具，则美国部队可于 1943 年 4 月 1 日前抵达英国。如果所有兵力的调动全靠美国船只，则进攻的日期只能推迟到 1943 年夏末。

罗斯福

"波列罗－围歼"作战计划中，还附有一个代号为"铁锤"的作战计划，其内容为：苏联形势一旦出现危急，美英两国则于 1942 年 9 月在西欧渡海登陆攻击德军。

4 月 8 日，美国陆军参谋长马歇尔和总统顾问霍普金斯奉罗斯福的命令飞赴伦敦，同英国人商议未来的作战计划。因希特勒马上要发动对苏军的夏季攻势，苏联形势出现危急，美国人想把"铁锤"计划付诸实施。为此，马歇尔向丘吉尔全面概述了"铁锤"计划的实施方案。丘吉尔听后，满面春风地举杯说他"完全赞成这个计划"。当时商定，1942年先集结少数英美部队（初定6万人）在西欧登陆，1943年再投入大量兵力发动大规模进攻。马歇尔以电报的形式将会谈的结果向罗斯福作了汇报。

丘吉尔

4月11日，为使盟国之间更好地协同作战，罗斯福致函斯大林，请他派外交部长莫洛托夫和一名将军来华盛顿商讨"铁锤"作战计划。斯大林觉得开辟第二战场是英美两国的事情，还需要征得丘吉尔的同意，所以打算派莫洛托夫先到伦敦，再去华盛顿。

莫洛托夫

为保证莫洛托夫访问能够顺利进行，斯大林叫来了新上任的远程航空兵司令员戈洛瓦诺夫，让其调配飞机，制定送莫洛托夫去英国的飞行路线图，并嘱其严守秘密："此事只有你、莫洛托夫和我三个人知道。"在严格保密的情况下，一架佩－8式四引擎轰炸机被调到莫斯科，同时调来的还有几名王牌飞行员，一切准备就绪。

5月20日，莫洛托夫登上佩－8轰炸机，在炸弹舱中找了个地方，戴上氧气管，躺在舱面上。这次飞行是在极其保密的状态下进行的，因为去伦敦要飞越德国占领的欧洲。飞机飞越德军防线后，地面高射炮火不断，空中不断有德机袭击。佩 –8 轰炸机靠王牌飞行员的高超技术，时而借助云层，隐蔽自己，时而左避右闪，终于安全降落在伦敦机场。

5 月 21 日，莫洛托夫开始与英国外交部长艾登商谈英苏条约问题，并和丘吉尔商谈开辟第二战场的问题。在讨论这个问题时，丘吉尔大谈空军、海军对陆军登陆的作用，登陆的条件和意义，绝口不谈登陆时间和登陆军队的规模等具体内容。对此，美国历史学家菲律后来评论道："丘吉尔表现审慎、含糊。对美国和英国准备在何时何地在西线反击德国的问题，没有给出具体肯定的回答。他是想等莫洛托夫从华盛顿返回取道伦敦后，根据华盛顿方面关于这个问题的讨论情况再给予具体的答复。"

5 月 30 日，莫洛托夫在华盛顿与罗斯福及其顾问进行正式会谈。会谈中，罗斯福首先向出席会谈的马歇尔和金海军上将介绍了头天下午的初步会谈情况。接下来，莫洛托夫谈到第二战场的开辟既是军事问题，又是政治问题，希望美英盟国能尽早实施，而且早实施比晚实施更有利，并强调说："如果拖延决定，你们将担负战争的主要压力，而希特勒一旦变成欧洲大陆无可争辩的主人，那么明年的形势无疑将比今年更加严峻。"

听完莫洛托夫的陈述，罗斯福表态："与许多美国人的看法不同，我的看法是必须首先打败希特勒，然后再打败日本。为此，我们准备在 1942 年尽一切努力，以便减轻苏联对战争的负担。"随后，他问身边的马歇尔将军："情况是否已经清楚，我们可否告诉斯大林元帅，说我们已经做好开辟第二战场的准备？"马歇尔回答："可以。"于是，罗斯福表示要让美国军人承担风险，准备以 6 ～ 10 个师的兵力在法国登陆。

对罗斯福决心在 1942 年开辟第二战场的决定，莫洛托夫表示欢迎，但他也直率地提出美国仅以这么少的兵力进攻欧洲，显然达不到让德军从苏德战场调出 40 个师的目的。苏美双方于 6 月 1 日达成了开辟第二战场的协议，6 月 11 日苏美两国发表共同声明：对于 1942 年在欧洲开辟第二战场的迫切任务已达成完全协议。

6 月 9 日，莫洛托夫从华盛顿重返伦敦，向丘吉尔详细通报了他与罗斯福的会谈情况和罗斯福提出的行动计划。其实，丘吉尔早就知道了罗斯福的打算，因为在莫洛托夫与罗斯福会谈时，罗斯福就给丘吉尔发了电报："我尤其渴望莫洛托夫能就他的使命带回一些实际的结果，并给斯大林一个令人高兴的报告。我倾向于认为，苏联人现在有点儿垂头丧气。"因此，当莫洛托夫通报到美国是为了开辟第二战场，不惜冒第二次敦刻尔克的风险时，丘吉尔毫不犹豫地说，他是不会再冒敦刻尔克那样的危险的，不管谁建议，他都不会那样做。

丘吉尔一面不同意对欧洲大陆进行敦刻尔克式的冒险，另一面又同意在 1942 年开辟进攻欧洲大陆的第二战场。他对莫洛托夫说，1942 年秋天以 6 个师的兵力进攻法国的准备工作正在进行。苏英双方也发表了一份共同声明，但声明中附有一份英国方面提出的备忘录，其中写道："我们正在为 1942 年 8 月或 9 月在大陆登陆一事做准备。"但是，"在事前很难说，到时候是否会出现进行这种行动的形势。因此，我们无法许下任何诺言。"之所以如此，是丘吉尔在莫洛托夫到来前一天，已指示英军总参谋长两条原则："一是除非我们打算留在那里，否则不在法国大举登陆；二是除非德国人在与苏联人的作战中再次失利，导致士气不振，否则不在法国登陆。"很显然，英国人是不打算在当年实施登陆的。丘吉尔之所以同意发表共同声明只不过是想让"德国人有所畏惧"而已。

英美两巨头对开辟第二战场态度不同：罗斯福积极，要在苏联的危急关头，出兵帮苏联一把，即使有风险也要做；丘吉尔态度消极，开辟第二战场可以，但要等到德国人在与苏联人的斗争中失败时再动手。罗斯福的积极性也并不彻底，在丘吉尔亲自来访说服下，便放弃了 1942 年横渡英吉利海峡的计划，"铁锤"计划最终夭折。在丘吉尔的鼓动下，英美盟军最终制订了进攻北非的新计划。

这一新计划显然背离了与苏联达成的协议，为了取得斯大林的理解，有必要向斯大林当面讲清。新计划是由丘吉尔提出的，自然解释的使命也应由他来完成。丘吉尔虽然能言善辩，但对这一艰巨的使命仍然感到有点儿棘手。

◎ 丘吉尔密会斯大林

8月12日6时30分，丘吉尔一行在德黑兰机场登上经过改装的专机B-24。与丘吉尔一起出行的有美国总统特使哈里曼。机内设备挡不住发动机的噪声，两人无法进行交谈。丘吉尔在他的战后回忆录中写道："我反复思量着我到这个悲惨而阴险的布尔什维克国家去的使命。这个国家诞生之初，我曾一度力图扼杀它。在希特勒出现前，我认为它是文明自由的死敌。现在我要对他们说些什么才算尽到责任呢？"此时，丘吉尔有点犯难了，思来想去，他决意直接道明真相，"1942年不开辟第二战场，并且与斯大林面对面说个明白。"

下午5时，丘吉尔一行抵达莫斯科机场。两个小时后，他坐在了克里姆林宫的会议桌旁。第一次会谈历时3个多小时。会谈最初两个小时的气氛阴森而沉闷。丘吉尔十分坦率地说明了为什么在1942年不能开辟第二战场。他说，想在1942年出兵，但是时机错过了。9月是英吉利海峡靠得住的最后一个月，余下的时间不可能发动一场旨在迫使德国从苏联战场撤出一些师团的军事行动。

丘吉尔还说，盟国所拥有的登陆艇只够运送 6 个师到法国登陆，如要深入腹地减轻苏联的压力，这点儿兵力显然不够。到了 1943 年，盟国就会有 8 倍到 10 倍之多的登陆舰艇和 100 多万部队，而当前只有两个半美国师在英国。盟国正在筹划 1943 年发动一场大攻势，准备投入 27 个美国师和 21 个英国师对付西线的德军，这些师的半数都是装甲师。丘吉尔十分明确地承认："我充分了解，这个计划在 1942 年对于苏联是毫无帮助……"

斯大林皱着眉头耐着性子听完丘吉尔的话后，开始逐条驳斥。双方你来我往，争执不休。斯大林对丘吉尔所提 1942 年不能登陆的理由不屑一顾："很对不起，我的战争观与阁下不同，不准备冒险就不能获得胜利。你们为什么这么怕德国人呢？我真不明白，我的经验认为，军队必须在作战中流血。假如不使军队流血，就不了解军队的战斗力。"听到这么尖刻的批评，丘吉尔气得血压上升，他后来回忆道："只是由于苏联人的勇敢，我才原谅这句话。"斯大林又说，他不能同意盟国的观点，但也不强迫盟国必须采取行动。

双方会谈陷入僵局，丘吉尔不愧为谈判高手，善抓人心，制造气氛。据哈里曼回忆，在这次谈判中，首相发挥得淋漓尽致，语言生动。"有一回，他滔滔不绝地讲下去，不是看到他那可怜的译员邓洛普放下铅笔，他还不会停下来呢。邓洛普认为要跟上首相的语速是不可能的。丘吉尔催促他翻译。邓洛普试图追忆起首相所说的话，却只能磕磕绊绊地读着笔记。即使在最顺利的情况下，要找出恰当的俄文来翻译丘吉尔式的英文也是件不容易的事。而丘吉尔又希望斯大林确实一点不漏地都听到，因而死缠着邓洛普。'你把这一点告诉他了吗？'首相碰碰邓洛普的胳膊问道。'你把那一点告诉他了吗？'斯大林见此哈哈大笑，'我不懂你的话，但我喜欢你的精神。'"

斯大林和丘吉尔

斯大林的话使紧张的气氛缓和下来，丘吉尔见状赶紧把话题转到对德国的轰炸方面。苏联人很欣赏英国人的轰炸攻势，斯大林也来了兴致，说既要炸毁德国人的工厂，也要炸毁德国人的住房。丘吉尔补充道，民心也是一种军事目标。两人你一言我一语，不一会儿就把德国大部分工业城市在嘴巴上炸光了。

会场气氛终于融洽起来，丘吉尔十分机灵地抓住这个机会，把话题转到盟军将要实施的在北非登陆的"火炬"行动上来。于是，他打开一幅南欧、地中海和北非地图，指指点点。说到高兴处，丘吉尔顺手拿起一张纸，几笔就在上面画出一幅鳄鱼图。丘吉尔从他母亲那里继承了画画的天赋，早年曾拜英国著名画家约翰·利维里为师，从政后经常忙里偷闲画上两笔。

丘吉尔拿着鳄鱼图，说道："我们在打鳄鱼的硬鼻子时，也要攻击它柔软的腹部。"斯大林听后说："愿上帝保佑我们成功。"当然，双方对对方在过去的所作所为，心里都很清楚。但现在是在战争中，过去的一切不愉快已成为过去。"过去的事应该属于上帝。"斯大林如是说。

丘吉尔访苏的目的完全达到，他终于说服苏联人接受了"火炬"计划。第一次与苏联统帅斯大林见面，人情的接触已经建立起来，同时也了解了苏联人坚决把反法西斯战争打下去的钢铁意志。

8月13日，希特勒下达了修筑"大西洋壁垒"的详细计划。整个西线要修筑1.5万个钢筋水泥堡垒，这些能打能守的堡垒是"大西洋壁垒"的核心。要求在重要的港口和潜艇基地周围每隔50码就浇筑一个这样的堡垒，使之构成连串的环节。海岸的其他地方每隔100码修筑一个。希特勒在命令中强调："对我们来说，最有价值的是人，这些防御工事可以减少流血牺牲，其价值是不能用金钱来衡量的。"

整个"大西洋壁垒"的防御工程包括诱骗区、地雷区、铁丝网障碍及坦克陷坑，该壁垒将在1943年4月底完工。整个"大西洋壁垒"工程中，潜艇基地和海军岸炮基地要进行特殊处理——墙壁和天棚要用4米厚的钢筋水泥浇筑，要经得起超重型炮弹和海军炮火的攻击。

另外，对"大西洋壁垒"防线上的重机枪、坦克、反坦克炮也要进行伪装保护，希特勒知道，无论什么样的入侵都要以饱和轰炸开始。他强调说，每个钢筋水泥掩体均必须把一切都考虑进去：要能防毒气，随时有氧气供应。考虑到盟军可能使用凝固汽油弹，掩体必须有台阶和突出物，以便阻止燃烧的汽油流入掩体。大一点的掩体要配备火焰喷射器。真可谓周详、细密、用心良苦。希特勒觉得，有了这样的工事，他的部队就能睡着觉，他们的身体机能就不会受到影响，就算最严重的轰炸也不能惊醒和打扰他们。

8月19日，英军袭击第厄普，受到德军的顽强抵抗，英军的伤亡很大。第厄普登陆给盟国提供了很多登陆的经验教训。第厄普登陆的失败说明对防守强大的港口进行正面攻击很难取得胜利，除非先派飞机和军舰进行轰炸和炮击，把整个港口炸平。不过，这样一来港口就报废了。第厄普登陆带来的另一个好处是极大地降低了美军参谋长联席会议计划在1942年兵力不足的情况下进攻法国的热情。美国人开始愿意倾听英国人关于盟军在北非登陆的计划。

随着美军陆军实力的不断增强，美国陆军内部要求重返欧洲的愿望越来越强烈。1942年，来到英国的25万多名美军中，有15万是坐英国舰船到达的，另有12.9万人被送往北非作战。

针对英美盟军对西海岸不间断的破坏和骚扰，希特勒下令以最快的速度建成"大西洋壁垒"，将那些防轰炸和防舰炮的混凝土建筑组成一条连续不断的防御地带，以便牢牢控制住各主要港口和海滩。

9月29日，希特勒在柏林召开军事会议。希特勒对参加会议的高级将领们说："'大西洋堡垒'要配备30万哨兵，修筑15000个钢筋水泥堡垒，要像齐格菲防线吓住法军那样吓住企图登陆的英美盟军。"

希特勒特别要求："必须于1943年5月1日前构筑完成上述任务，配齐兵力。"这个命令规定的时限太短了，根本无法完成。龙德施泰特在战后评论说："如果'大西洋壁垒'要建成像希特勒要求的那样，或者像宣传的那样强大，至少需要10年。"

◎ 罗斯福引爆"大炸弹"

1943 年 1 月 14 日至 24 日，英美盟军在摩洛哥的卡萨布兰卡举行了由丘吉尔和罗斯福参加的战略会议。会议主要内容如下：

（1）未来的作战计划：丘吉尔主张首先在西西里岛登陆，迫使墨索里尼下台，然后进攻巴尔干。美国陆军参谋长马歇尔则主张横渡英吉利海峡在西欧登陆（即诺曼底登陆），并为此制订了一份详细的作战计划。罗斯福最终倾向支持丘吉尔的作战方案。会议最后通过了进攻西西里岛的作战计划，在西欧登陆则被推迟到 1943 年的八九月间。会议还通过了美国人建议的对日作战方案，计划对所罗门群岛、新几内亚、关岛等发动一系列平行进攻，并实施收复缅甸的"安纳吉姆"计划。

（2）未来的法国政治问题：美国支持吉罗，英国支持戴高乐。经过一番激烈讨论后达成协议，由吉罗和戴高乐共同组织法国临时行政机构。

（3）土耳其在战争中的立场问题：为了推行巴尔干进军计划，会议决定力争让土耳其参加盟国方面对德作战。

英美两国在会议上还签订了划分亚洲势力范围的秘密协定，土耳其被划归英国势力范围，中国划归美国势力范围。英美争夺殖民地斗争异常尖锐，美国力图以经济援助为手段打入英国领地，但是遭到丘吉尔的强烈反对。会议宣布盟国作战最终目的是迫使法西斯国家无条件投降，但未做出有利于击败德意日法西斯国家的战略决策，反而推迟了在西欧开辟第二战场的日期。

会议结束的当天下午，罗斯福举行了记者招待会。罗斯福在招待会上引爆了一颗"大炸弹"。由于会议一直严格保密，当罗斯福和丘吉尔同时出现时，记者们目瞪口呆，简直不敢相信自己的眼睛。罗斯福当着丘吉尔的面宣布："总统和首相在考虑了世界大战的局势后，比以往更加确信：只有彻底摧毁德国和日本的战争力量，世界才能迎来和平。这就是我们能够把战争的目的非常简单地表述为：德国、日本和意大利无条件投降的原因。这并不是说要消灭德国、意大利或日本人民，而是要消灭这些国家得以征服和镇压他国人民的哲学。"

罗斯福说的这番话事前似乎没跟丘吉尔商量，只见丘吉尔一脸尴尬的表情。丘吉尔强作笑容，讲了两句赞成的话，毫无热情地提议为"无条件投降"干杯。罗斯福和丘吉尔的"无条件投降"在当时和战后一直受到许多政治家、军事将领、评论家和历史学家的批评。这些人中，包括许多德国反纳粹的高级将领抱怨说，"无条件投降"其实是帮了希特勒和日本法西斯的忙，为他们煽动狂热的民族主义，加强对社会的控制提供了根据，给那些想推翻纳粹政权的人造成极大的困难，致使战争一直打到希特勒自杀身亡才结束。

二战结束后，英国外交大臣贝文于 1949 年 7 月 21 日向议会下院报告：

"由于'无条件投降'的政策，他在战后德国重建问题上遇到了极大的困难，并说当时没有人就此政策同他或战时内阁商量过。"丘吉尔当场起身辩驳说："他自己也是在记者招待会上第一次听到这个词。"

罗斯福事后似乎有点后悔，他对自己的顾问霍普金斯这样说："我们为了使这两位法国将领在一起费了那么大的劲，让我感到就像让格兰特和李（译者注：美国南北战争时双方统帅）言归于好一样困难。后来，就突然举行了记者招待会，温斯顿和我都没有时间准备。我突然想起人们把格兰特叫作'老牌无条件投降'，于是我就知道我说过这句话。"

罗斯福似乎事先没有与丘吉尔商量，脑子一热，信口说出了这么个词。然而，事后人们发现罗斯福手里有一大叠发言稿，事先同丘吉尔商量过。

5月12日，罗斯福和丘吉尔在华盛顿共同主持了盟军参谋长联席会议。会议的目的是鉴于地中海战区、东线苏联战区和太平洋战区的大好局势，确立盟国的新战略。

由于英军在北非取得了辉煌的胜利，丘吉尔在会上侃侃而谈，表现出一种从未有过的轻松状态。他认为现在已经看到了胜利的曙光，所以要加大力度打击"欧洲柔软的下腹部"，要大规模横渡亚得里亚海，攻占巴尔干。然而，这个时候的美国已是兵强马壮，不甘心听命于丘吉尔。美国陆军参谋长马歇尔和他手下的参谋们完全从军事方面考虑，希望尽快结束这场战争，要给希特勒以致命的一击，决意要在1944年横渡英吉利海峡，掀起横扫欧洲大陆的狂飙。任凭丘吉尔把进攻巴尔干的好处说得天花乱坠，马歇尔和他的参谋们都不为所动。罗斯福这次完全支持马歇尔，在会上要求把盟国的主要力量用于横渡海峡进攻法国的重大行动中。登陆法国的行动在这次会议上被正式定名为"霸王"行动。

罗斯福总统的特别助理霍普金斯记载，会议最终决定，"霸王"行动的实施日期初步定于1944年5月3日，开始的进攻由9个师负责（其中2个师空运），在拿下桥头堡时，立即有20多个师配合行动，进入桥头堡。4个美国师和3个英国师将在11月1日后由地中海调去，参加"霸王"行动。然后，以每月3～5个师的平均速度由美国本土不断地调出。

会议还决定，西西里登陆的时间定于1943年7月10日。登陆成功后，盟军将发动新的攻势，击垮意大利，迫使墨索里尼下台，最终迫使意大利退出轴心国。但是，美国人提出了一个条件，即西西里登陆作战只能出动地中海的盟国部队，还要从中抽调7个师撤回英国，以供将来的"霸王"行动使用。英国则向美国保证，一定会参加1944年5月实施的"霸王"行动。丘吉尔还不忘敦促罗斯福说服他的三军参谋长，"正确地认识进攻意大利的问题"。美国军方在其总统的干预下，勉强同意进攻西西里岛。

丘吉尔在回国前，对登上"玛丽皇后号"豪华邮轮的美国外交官哈里曼不无忧虑地说，他担心美国的军事计划人员将坚持把部队和装备调回英国，以便渡海进攻法国，而不是利用他所注意到的在地中海的新机会。丘吉尔的担心在后来变成了现实，盟军在地中海的军事行动规模被大大压缩了。对此，丘吉尔感到非常失望，但也没有办法。

美国人对这次会议的结果自然很是满意，特别是罗斯福。对决定1944年横渡英吉利海峡的军事行动，他认为是战胜德国的关键一步，是"我当时所能取得的最大收获"。

◎ "霸王"选定诺曼底

华盛顿会议结束后，同盟国欧洲远征军最高参谋部奉命开始制订"霸王"行动登陆计划。同盟国欧洲远征军最高参谋部（俗称"考沙克"）是英美两国于1943年1月决定成立的协同盟军部队作战的军事指挥机关，其工作内容是制订盟军登陆计划。当时的计划包括三个阶段：第一，实施小型两栖登陆；第二，德军一旦崩溃，立即向欧洲大陆实施登陆，占领各战略中心；第三，力争在1943年攻占欧洲大陆一个桥头堡，以便能在1944年顺利实施"霸王"登陆作战。3月13日，英国陆军中将摩根被任命为该参谋部参谋长，全面主持未来登陆计划的制订，尤其是"霸王"计划的制订。

作为"霸王"登陆计划的"设计师"，摩根虽不像"霸王"行动的最高统帅艾森豪威尔那样威名显赫，但其功绩在二战史上也有着浓墨重彩的一笔。英美当初在选定摩根为同盟国欧洲远征军最高参谋部负责人时，很是费了一番心思：（1）摩根资历较深：1913年就加入了英国皇家炮兵部队，在此后40

年的军旅生涯中，参加过一战并屡立战功；（2）摩根作战经验丰富：二战爆发后，他身先士卒在西线殊死阻击德军，并亲历敦刻尔克大撤退，还曾在北非沙漠中大战隆美尔的"非洲军团"。另外，摩根还担任过多兵种联合军团的司令，有着丰富的多兵种合成作战经验。摩根接任同盟国欧洲远征军最高参谋部参谋长后，开始忘我地工作，下属戏称他为"不要命的工作狂"。他也自嘲："如果你不是工作狂，那你能指望你的下属与你一样吗？"

艾森豪威尔

同盟国欧洲远征军最高参谋部副参谋长是美国的巴克准将。最高参谋部的领导班子很快便搭建完成，美国海军和英国海军各有两名代表参加，还有空军的代表、加拿大陆军代表、工程兵代表以及与作战有关的各兵种的代表，一应俱全。最高参谋部设在伦敦。

摩根领导制订"霸王"作战计划，但在制订计划前需要选定合适的登陆地点。摩根和他的最高参谋部根据历次登陆作战的经验教训，一致认为"霸王"行动登陆地点应具备以下 3 个条件：第一，要在从英国机场起飞的战斗机半径内；第二，航渡距离要尽可能短；第三，附近要有大的港口。

从荷兰符利辛根到法国瑟堡长达 480 公里的海岸线上，符合以上三个条件的有三个地点：康坦丁半岛、加莱和诺曼底。经过进一步比较，康坦丁半岛地形狭窄，大部队难以展开，最先被否决。加莱和诺曼底各有利弊，加莱的优点是距英国最近，仅 33 公里，而且靠近德国本土；缺点是德军在此防御力量最强，守军都是精锐部队，工事完备坚固，并且附近无大港口，也缺乏内陆交通线，不利于登陆后向纵深推进。诺曼底虽然距离英国较远，但有三个优点：一是德军防御较弱；二是地形开阔，可同时展开 30 个师；三是距法国北部最大港口瑟堡仅 80 公里。经过反复比较权衡，同盟国欧洲远征军最高参谋部最终确定"霸王"登陆行动的地点定在法国的诺曼底。

诺曼底地处法国巴黎与海滨之间，北临英吉利海峡，西部海岸是由花岗岩构成的悬崖，东部是页岩，中部有很长的沙滩。诺曼底西部田野分割得非常小，而且每个小块都有高大的树篱遮挡，为当地的一大特征。该地公路与铁路交通极为便利，距离巴黎的大型国际机场不到两个小时的行程。当地人擅长建筑，在诺曼底大区随处都可以看见各种风格的城堡、教堂及修道院。

诺曼底还是历史上的一个古国。9 世纪初，北欧的诺曼人从海上侵入现在的法国，并于 10 世纪建立公国，占有诺曼底半岛、塞纳河下游以南、巴黎以东的地区。1066 年，诺曼底公爵威廉借口王位继承问题，渡海征服英国，加冕为英国国王。从此，诺曼底成为英国在法国的一个属地。12世纪末至13世纪初，法国和英国进行了长期的战争。1204年，法王腓力二世宣布剥夺英国在法国的所有领土，将诺曼底及其他一些地区并入法国。在行政上诺曼底被分为两个大区：上诺曼底由滨海塞纳省和厄尔省组成，下诺曼底由卡尔瓦多斯省、芒什省和奥恩省组成。

关于"霸王"计划登陆部队数量和运输工具的问题，摩根原来被告知可以得到足以海运5个师和空运2个师的运输工具。可是，当他把现有的运输工具统计起来时，发现只够海运3个师和空运2个旅。他不得不提醒说，历史经验表明，如果不能保持登陆时的绝对优势，两栖作战就要陷入困境。而此次登陆，非同一般，在这里，绝对优势比任何其他地区都更加重要。德军可能在5天内调动12个以上的机动师冲向登陆场，如果盟军登陆部队增加的速度不能超过德军机动师增加的速度，那么这次战役成功的希望就很渺茫。因此，必须增加各种舰艇，以提高输送后续登陆部队的能力。

让摩根最头疼的一个问题是，在夺取法国北部的港口前，如何在登陆地点为部队向海湾运送弹药、补给品和增援兵力？气象统计数字表明，英吉利海峡在一年的12个月里都有大风，好天气持续不了几天。如果没有好天气，就不能进行长时间的登陆作战。因此，保证进攻优势和不断输送人员和物资的唯一办法就是在登陆的海滩附近人工提供一个可防风浪的水域。为了解决这个问题，他们动员了不少技术人员，设计制造了两套人造港口，代号分别是"桑树"A和"桑树"B。前者用于美军登陆地段，后者用于英军登陆地段。

这种"桑树"人造港的最外层是活动防波堤，它们由浮动的钢制构件（代号为"低音大号"）组成，以减弱波浪的冲击，然后是由31个各有5层楼高的混凝土沉箱（代号"凤凰"）组成的长2000米的防波堤墙。这些混凝土沉箱将从英国出发，拖过英吉利海峡后沉入海底，组成人造港两侧的堤墙。堤墙内的港区面积约有2平方海里，与直布罗陀港面积相等，足够7艘万吨级大船和11艘较小的船只停泊。每个人造港内，都有3条代号为"鲸鱼"的舟桥通道，靠海的一端用锚固定，与"罗布尼兹"直码头相连。这种直码头以其计划者罗布尼兹工程师的名字命名，可以随潮水涨落而升降。这套联合装置能使坦克登陆舰在潮水的任何阶段卸载，并为坦克登陆舰上的轮式车辆提供通向海岸的单行路线。

除了"桑树"人造港外，在登陆场附近海面还有"醋栗树"为登陆舰和其他船只提供避风的水域。每个"醋栗树"避风水域由一列老旧的船只组成。它们在与海岸平行的位置上，下沉到大约3米深的水中。2个美军登陆地段和3个英军登陆地段各有一个"醋栗树"避风水域。

这一庞大计划的实施耗费了大量钢铁和人力，价值2500万英镑。有70多艘船建造"醋栗树"而沉入海底。另外，大约动用了132艘拖船，把除沉船外的全部建筑构件拖过海峡。这样，"霸王"计划才逐渐具备了雏形。

5月30日，同盟国将在法国登陆的密语确定为"霸王"，这样摩根的计划就成为"霸王"计划的雏形。

6月26日，同盟国欧洲远征军最高参谋部开始制订诺曼底登陆战役的具体作战计划，并决定以"霸王"为作战方案的代号，以"海王"为相关海军行动的代号。初步计划以3个师在卡朗坦至卡昂之间32公里宽的3个滩头实施登陆，也就是后来的"奥马哈""金"和"朱诺"滩头，同时空降2个旅。第二梯队为8个师，将在两周内占领瑟堡。

7 月 15 日，同盟国欧洲远征军最高参谋部参谋长摩根将军向盟军参谋长联席会议提交了一份"霸王"行动计划大纲。艾森豪威尔对该计划内容做了较大的改动，但"霸王"计划登陆地点没有变动，计划登陆时采用的"两栖攻坚、空降突击"的战术也被采纳。

◎ 两巨头敲定"霸王"

8月4日晚，丘吉尔及其随行的200多名各级官员登上停泊在克莱德湾的"玛丽皇后号"豪华邮轮，启程前往加拿大魁北克，参加代号为"四分仪"的盟国最高级别会议。这次会议的重点是审查和讨论"霸王"作战计划问题。

"玛丽皇后号"在大西洋破浪而行，几艘重型巡洋舰负责安全警戒和对外联络。大西洋上的德国势力几乎像浪潮一样消失了，盟军再不用担心德国人的潜艇攻击了。航程漫长，行期5天。丘吉尔正好利用这段时间好好地准备在会议上要讨论的问题。为配合魁北克会议，盟军欧洲最高参谋部参谋长摩根特派出几名军官，向丘吉尔汇报"霸王"登陆计划的制订情况。

丘吉尔在第二战场的开辟问题上，否定了美国的"铁锤"计划，并把登陆西欧的时间从1942年拖到1943年，从1943年又拖到1944年。在5月的华盛顿会议上，丘吉尔虽然同意在1944年5月发动"霸王"战役，但同时又提出几个附加条件：只有在英美部队赢得无可争议的空中优势，还决定性地击败德国潜艇的情况下，才能进攻法国。这些条件当时还不具备，这就为丘吉尔进一步做出延期实施登陆找到了借口。丘吉尔见不能直接反对，便又玩起了他的"拖"字诀。

丘吉尔虽然不断拖延发起西欧登陆的时间，但并没有放弃"霸王"登陆，英国一刻也没有放弃重返欧洲大陆的决心。从 1940 年起，丘吉尔就不断派小股部队偷渡大陆进行骚扰破坏，执行"打了就跑"的战术，还在 1942 年进行了正面登陆的尝试。

8 月 9 日清晨，美国陆军参谋长马歇尔驱车前往白宫，商议美国代表团参加即将举行的魁北克会议的事宜。马歇尔一身戎装走进白宫椭圆形办公室，跟罗斯福总统寒暄几句，便直奔主题，把丘吉尔对"霸王"计划的疑虑，及美国军方的打算合盘托出。

罗斯福完全赞同美军参谋长联席会议的意见，对马歇尔说："我完全不希望直接或间接参加巴尔干的战事，而且也不同意盟国远征军在这个地区登陆，因为这将要求美国提供新的资源——舰船和登陆艇，这些东西都是其他战役所必需的。"

8 月 11 日，美国陆军部长史汀生拿着一封亲笔签名的正式信函来到白宫，亲手交给了总统罗斯福。史汀生刚从伦敦和北非视察回来，通过与丘吉尔的会见，以及与艾森豪威尔会商，得知丘吉尔正不断催促艾森豪威尔在地中海放开手脚，在意大利大干一场。通过一系列会谈，史汀生认识到丘吉尔是个难对付的人物，有可能在"四分仪"会议上重谈"巴尔干"计划。

史汀生在信函的开头写道，在美国人的指挥下，盟军不可能跨过海峡，与德军决战。史汀生认为，在达达尼尔海峡和敦刻尔克的经历已把英国领导人吓破了胆，他们不敢在欧洲大陆实施大规模登陆作战，只会对"霸王"作战计划表面上说一些赞成的话，其实却没有决心和热忱。

信中还说，英国人确实认为没有必要在法国北部集结英美两国大量军队。他们的想法是，在意大利北部、东地中海地区、希腊、巴尔干地区和罗马尼亚实施一系列消耗战，零打碎敲，最终打败德国。

史汀生毫不客气地给他的上司出了道难题："我认为是你下定决心的时候了，在我们所面临的欧洲战争的最后阶段，你的政府应该担负领导责任。我们不能在没有把握的情况下开始这种最危险的作战行动。两年以前，英国方面主动提出由我们来指挥，我认为我们现在应该接受这一提议，如果必要的话还应坚持下去。"

在信的结尾，史汀生认为只有马歇尔才能承担起统率欧洲盟军的领导责任。罗斯福饶有兴致地听他讲述北非之行，又认真仔细地读完他的信，然后一字一顿地说："我也得出了同样的结论。"史汀生后来回忆道："这是他（指罗斯福）所经历的一次最圆满的会晤。"史汀生发现罗斯福此时比战争期间任何时候头脑都更清醒，态度更明确。

美国方面很快统一了思想：军事战略方针上，盟军在意大利的推进不能超过罗马，主要进攻重心应放在欧洲西北部；进攻欧洲大陆时，美军在英国的兵力应该超过英军的数量，这样顺理成章，美国人担任盟军的司令官。只要美国人当上司令官，就可不受丘吉尔左右了。

8月14日9时30分，同盟国"四分仪"最高级别会议在加拿大的魁北克市正式召开。会议主持者、英军参谋总长布鲁克爵士首先讲了英方对未来战争发展方向的看法，其中心是坚持继续扩大意大利战役的立场。他的话激怒了美国海军部长金，致使其出言不逊，双方争吵起来。马歇尔出面平息了两人的争吵，并着重谈了美军明确反对在地中海地区进一步承担义务。会议一开始就对意大利战役在整个战局中的影响产生了分歧。

8月16日，"四分仪"会议进一步讨论意大利战役和"霸王"登陆战役。会议进展不大，双方各说各的。

8月17日，罗斯福乘防弹装甲专列抵达魁北克，同车到达的还有丘吉尔。丘吉尔于8月9日乘船到达哈利法克斯港，乘车抵达魁北克后，又于8月12日到海德公园与罗斯福会晤，并准备在罗斯福寓所小住两天。

在去海德公园的旅途中，丘吉尔携妻子参观了举世闻名的尼亚加拉大瀑布。丘吉尔夫妇的行程引起新闻界的兴趣，记者蜂拥而至，参观是在记者的陪伴下进行的。游览途中记者见空插问，丘吉尔的嘴巴一刻不得轻闲。这位资深的政治家不失幽默应付有道。来到大瀑布附近，遥看全景时，有记者问丘吉尔："您看到这个大瀑布有什么感想？"

丘吉尔回头望了望提问题的小伙子，不假思索地答道："在你们出世之前，我就看过这个大瀑布了，我第一次到这里来是1900年。"

有记者不甘心，又问了一句："它看起来和从前一样吗？"

"哦，"丘吉尔应了一声，"原理看来是一样的，水仍然是往下流的。"

丘吉尔的回答引发了阵阵笑声，整个旅途颇显轻松。

几天的游览访问告一段落，丘吉尔夫妇与罗斯福来到魁北克，商议盟国的未来计划。

8月18日，英美盟军参谋长们继续开会。一方面，各自首脑已来到魁北克；另一方面，会议收到盟军海军部门提供的一条令人鼓舞的消息：盟军在大西洋对德国的潜艇战中取得了巨大进展，已基本消除了德国潜艇的威胁。潜艇作为摧毁性水下武器曾严重威胁到大西洋航线的安全，而大西洋航线是盟军的生命线。从此，英国人对大西洋航线的安全不再担忧，这多少也鼓舞了英军参谋部门。在这天的会议上英国人做了一些退让，不再强调地中海战役。

二战中的海战

8月19日，丘吉尔和罗斯福亲临会场。在这次会议上，除了讨论欧洲战场行动方针外，还讨论了亚洲与太平洋战场的形势，达成任命英国蒙巴顿勋爵接替韦维尔陆军元帅成为东南亚战场盟军最高统帅的意向。

清晨，丘吉尔下令英军一个师的兵力在法国塞纳河口东北约80公里的小港口城市第厄普地域强行登陆。在空军和舰艇编队的支援下，几千人在第厄普附近4个地点登上法国海岸，但是德军防御顽强。登陆战异常激烈，盟军不敢全部投入预备队。激战到后来，登陆的盟军寡不敌众，大部分被德军消灭，小部分退到船上，1000多人当了俘虏，几艘军舰被击沉，损失飞机达83架。

蒙巴顿将军

　　德军迅速而有效的反击给丘吉尔留下了深刻的印象，他认为攻取敌重兵防御的滩头阵地没那么容易，即使能够占据整个滩头阵地，也不易向纵深发展，很可能重蹈第一次世界大战中阵地战的覆辙。

　　8月23日和24日，会议进入最后两天。丘吉尔考虑到战争的整个形势，特别是苏联红军于8月份赢得库尔斯克战役。苏联红军以不可阻挡之势，彻底摧毁了德军赖以起家的精锐装甲兵团，此战标志着苏德战场的主动权已完全转入到苏军手中。如果说斯大林格勒会战预告了德军的覆灭，那么库尔斯克战役则表明德军已经处在覆灭的边缘。在这种情况下，英美盟军再拖延第二战场的开辟，苏联红军单靠自己的力量就能打败德国，占领欧洲，如此一来英美战后就会失去欧洲。

鉴于此，丘吉尔同意了美国的主张。这次会议决定"霸王"战役是1944年的主要战役，在人力和资源的分配与使用上，首先应满足"霸王"战役的需要，以确保这次战役的成功，然后考虑地中海战役计划。

会议批准了摩根领导的最高参谋部制订的登陆作战纲要，同意把作战开始日期（代号"D"日）定为1944年5月1日，并授权摩根将军着手拟订详细的行动计划和进行全面的准备工作。"霸王"战役总指挥的人选问题被提上会议议程，并决定由美国人担任，地中海战役的指挥权为平衡起见则交给英国。

美军将领在会上提出，在法国北部实施大规模登陆作战的同时，在法国南部进行一次牵制性登陆，这一被最后定名为"龙骑兵"的议案获得通过。

会议还讨论了登陆中的人工码头的设计和建设问题，好多美英发明家异想天开的杰作被送来进行鉴定。其中有一项称作"哈巴卡克"的设计，这是由英国蒙巴顿爵士部下派克先生提出来的。他的设想是用取之不尽的水，添加上某种混合物，再结成冰。它的面积很大，可以当作飞机跑道、人工码头。这种结构，外形设计得像一只船，排水量有100万吨，安装动力设备，能缓慢地在大洋上自行运动，并配有防空自卫武器、修理车间，为防止冰混合物融化，还设有一座小型散热工厂。这项设计的出人意料之处是将各种形态的木浆加入到普通的海冰之中，由此产生的混合冰可以改变一般冰块的易碎性，极其坚韧。这种冰在融化的时候，木浆等纤维质很快形成毛茸茸的外层，形成良好的隔热层，可以大大延迟冰的融化。这种混合冰以发明者的名字命名为"派克·里特"。一块预备好的高约0.9米的"派克·里特"从冷藏车中搬到会议地点，当众试验，与另一块同体积的普通冰块比试高低。

试验由联合作战部首脑蒙巴顿主持。他拿出一把形状特殊的砍刀，邀请在场的大力士把每块冰砍成两半。在场的所有人一致推举阿诺德，此人力大无比，臂力过人。阿诺德脱掉外套，走上前来，挽起衬衣袖子，拿起砍刀，抡圆了胳膊砍了下去，只听"嚓"的一声，普通冰块裂成两半。在一片叫好声中，阿诺德转身笑笑，双手交叉着，活动一下十指，再次拿起砍刀，走向那块"派克·里特"。当砍刀接触"派克·里特"的一刹那，一声痛苦的大叫从阿诺德口中传出，刀滚落地上。再看"派克·里特"纹丝未损，阿诺德的双臂被震得疼痛难忍。

随后，主持者蒙巴顿招呼众人后退几步，只见他从衣袋中掏出枪，打算用子弹来检验"派克·里特"抵抗枪炮的能力，表演达到高潮。人们屏息静心，盯着试验品。

"砰"的一声，普通冰块随着枪响变成碎块。接着，蒙巴顿瞄准"派克·里特"开枪，这种冰块竟然把高速子弹弹了回来，从盟军空军元帅波特尔裤腿间穿过，差点打中了他。

会议刚开始时，美英两国的参谋长们在某一问题上发生争论。每一方多达20多名的工作人员作为惴惴不安的听众，在一旁两眼发着亮光，一声不响地看着自己的长官和对方争吵。此事引起会议主持者的注意，便下了逐客令，把那些高级工作人员赶出会场，让其到会客室待命。这些人对会议后来进行的试验一无所知，只得在外面耐心等候，砍击声和阿诺德的呼痛声传来时，他们惶恐不安，以为双方动手了。突然，枪声传来，其中一个军官大喊一声："上帝啊！他们交火了！"

第二章
决定历史走向的会议

吵到最后，丘吉尔索性站了起来，扯着上衣的翻领，高声嚷道："国王陛下的政府不能让军队无所事事，步枪必须吐出火焰，坦克必须奔驰战场。"马歇尔毫不示弱，站在对面，措词严厉地说："我要是独断独行，天理难容，但是……我决不让美国士兵去那片（罗德岛）该死的海滩送死！"

◎ 知无不言的史末资元帅

　　1943 年 9 月 3 日，英属南非总督史末资元帅给远在美国的丘吉尔发来一份冗长的电报，详细阐述了他对当前战局特别是地中海作战的看法。电报如下：

　　前一次批评我们战争进程的电报发出后，坦率地承认，我对魁北克会议决定的计划表示很失望。我觉得，战争进入第 5 年，特别是战争的进程最近发生了巨大的变化之后，确定这样一个计划显然是不够的。该计划只是增加了我对于未来的忧虑与恐惧，对于我们当下的实力，没有给出公正的评价，还有可能严重影响公众的斗志及将来我们与苏联的关系。其实，我们可以做出更多努力，应该以更大的勇气面对当前的形势。

　　实际上，这个计划仅仅能继续和增强目前的轰炸和反潜战，夺取撒丁岛、科西嘉岛和意大利南部，以及从那里轰炸北部地区。之后，我们的部队越过意大利障碍重重的山岳地带，向北推进。然而，在我们到达意大利北部和德国的主要防御阵地前，这一战役可能会耗费很多的时间。等到明年春天，如果法国那边空中和陆上的形势对我们有利的话，我们才大举渡过海峡，也许要从南面进攻法国，不过也只是一种牵制行动。我们将巴尔干半岛交给了游击队，只是用空军部队给予他们鼓励。

以上就是西方战场的全部计划。关于东方战场，我们应该采取一系列"蛙跳"战术，这种战术可能在明年年终前使我们进攻敌军在加罗林群岛的主要根据地。听凭敌军控制荷属东印度的资源的同时，我们应该全力打开缅甸的通路，依靠空运尽最大努力援助中国。同时，计划还规定了对缅甸进行一些内容不明确的两栖作战行动。

我认为，轰炸是这一计划的唯一重要部分，其余部分仍是小规模的行动，跟我们以往两年中的行动相似。很显然，这一计划不是我们当前应做的重大努力，而且也没有适当地利用我们大大改进了的作战地位。假如到了1944年年底，我们对于敌军主要阵地仍然限于零敲碎打，我们将会受到舆论的猛烈攻击，这也是理所当然的。我们目前的行动与苏联的巨大努力与伟大成就比起来，简直天壤之别。苏联人可以作出这样的结论：我们对你们的怀疑是有理由的。

因缺乏内部参谋情报，所以我也提不出什么好的方案，不过我坚信，我们可以且应该采取比魁北克计划更多和更好的行动，魁北克计划会将战争拖延下去，并带来我在上次电报中指出的各种危险及可能性。轰炸政策、反潜战和大规模横渡海峡的袭击，这些我都赞同。但是，在地中海，我们应当在占领撒丁岛和科西嘉岛后，立即进攻意大利北部，而不是在半岛上，从南打到北。我军应立即占领意大利南部，并向亚得里亚海岸推进，再从那里一个适当的据点，发动对巴尔干半岛的真正攻势，最终促使巴尔干半岛的复兴力量日益壮大。如此一来，土耳其将不得不参加战争，从而使我们的舰队可以顺利开进黑海海域。到时，我们将在黑海同苏军会师，向其提供供应，并使其能从东面和东南面攻打希特勒坚固的堡垒。鉴于当前苏联前线战局的巨大变化，我认为这算不上一个雄心勃勃的行动计划。

这位史末资元帅是英国著名的政治家、战略家，虽然身处远离战火的非洲南端，却时刻关注着世界风云的变幻。作为大英帝国的忠实卫士，他和丘吉尔心心相印、情投意合，英国的每一个战略部署都有他的功劳。史末资的话自然说进了丘吉尔的心里。

丘吉尔经过慎重考虑后，于9月5日给史末资元帅回了一份长长的电报：

当前对意大利趾形地区发动的攻势，只是即将发动的一次规模庞大的进攻的一个序曲，进攻如果顺利，将产生深远的影响。我们希望不久的将来，能开辟一条纵贯意大利的强大战线，尽量向北推进。这样一条战线需要从地中海调派大约20个师，假如敌人选择这条战线作为反攻的场所，我们可能还需要增派兵力。

我早就有进入巴尔干半岛的想法，那里一切进行顺利。我们在静观意大利战场的发展态势，然后才作决定，除了派遣突击队和特工人员及提供物资供应外，还可以采取其他行动。整个巴尔干半岛的火焰已经燃烧起来了，加之散布在意大利全境的德军24个师的军队已经不听指挥，停止了战斗，只想回国。这样一来，德军很可能被迫退到萨夫河和多瑙河一线。

我认为当下最好不要要求土耳其参战，因为我们用来作战的军队已经更有效地用于地中海中部。这个问题可以在本年稍晚一些时候，再向土耳其提出。

地中海方面的上述迫切的需求及各种计划尽管已经把我们的资源利用到最大的限度，但是为了1944年春的"霸王"作战计划，我们还要在今年11月后从地中海战场抽调7个师。为了这一目的，所有可以集结的运输军队的船只，除了美国在太平洋使用的外，都将用于不断地运送美国的陆军和空军。今年，我们的船不会有一艘是闲着的，到目前为止，在我国的美军仍只有2个师。按照上面所说的日期集结更多的部队，就物质条件来说是不可能的。我们以兵力大致相等的英国师来配合美国远征军，不过在初期突击结束后，军队的编成必须完全依靠美国的军队，因为到时我们将完全处于兵力枯竭的境地，甚至现在我们也不得不请求美国人暂停作战军队的调运，以便先输送数千名工程人员来帮助我们修建为他们由大西洋彼岸调来的军队的集结所必需的设施和营地。欧洲的这些计划，包括空中攻势和海上战争，耗尽了我们所有人力和运输力量，我们必须面对这一事实。

我们不能跟苏联相比，苏联是拥有近两亿人口的国家，除了战争损失外，已经把这所有力量组成了一支庞大的军队，部署在2000英里的战线上。这也是我们必须面对的一个事实。

我认为战后的苏联将不可避免地成为世界上最大的陆上强国，这样就能使它摆脱德国和日本这两个军事强国的威胁，而这两个军事强国曾经使它遭受非常严重的打击。然而，我希望英联邦和美国的兄弟联合，加上海军和空军的力量，这样可以使我们至少在战后的重建时期同苏联和睦相处，并保持一种友好的均势。再往后的事情，我就不好预见了。

在东方，我们大不列颠人不缺乏军队，不过参加作战却有困难，就像美国人在大西洋和太平洋面临的情况一样。航运的紧迫情况支配着所有海外和两栖作战的行动。除此之外，在缅甸有丛林和山岳，以及半年以上的时间是雨季。然而，猛烈的战役还是爆发了。我把年轻的温盖特带到了魁北克，准备把他提升为集团军司令，同时以最快的速度组成能够适应这一目标的强大的丛林部队，以便在明年的1月份发动攻势。蒙巴顿的任命预示着一种新式的和范围广泛的两栖作战行动，我正全力促其实现，至于详细情形，在我们会见时我将如实相告。

请相信，我亲爱的朋友，对于你的批评电报，我一点儿也不介意。我相信，只要我们在一起待两三天，我是能够消除你的焦虑的，当然那些固有的实在值得焦虑的问题除外。我在全力以赴加快行动的速度及精简机构。我在大西洋这边，期待着即将发动的对意大利的突击及其反应，我希望能在议会召开时回国，并希望到时你至少是在回国途中。

◎ 丘吉尔倾情巴尔干

9月6日，丘吉尔驱车到美国马萨诸塞州的哈佛大学接受荣誉学位，仪式相当隆重。校方千里搜寻，从普林斯顿借来一套深红色的长袍礼服。据说丘吉尔当年在牛津大学，就是身穿这种样式的礼服拿到法律博士学位的。丘吉尔接受荣誉学位后，兴致勃勃地做了即席讲演。在讲演中，他慷慨陈词，讲了在这次战争原先不太顺利时所不敢讲的话："这份共同语言的礼品是无价的遗产，它有可能在某一天成为共同公民的基础。我总是在说，英国人同美国人可以自由地来往于各自广阔的家园，而彼此都不认为对方是外国人。"

丘吉尔公开大谈与美国的血缘关系，表明他一心要复活大英帝国的"活思想"。这期间，英军和加拿大军队在意大利本土登陆，克拉克指挥的美国第五集团军也在萨拉诺上了岸。在盟军强大兵团的威胁下，意大利只好选择投降。听到这个消息，丘吉尔非常兴奋，他的打击"鳄鱼柔软的下腹部"的想法又浮现出来，加上他的挚友、那个远在南非当总督的史末资的支持，他的决心更加坚定。

9月9日，史末资给身在华盛顿的丘吉尔复电：

我建议，地中海战役取得胜利后，向意大利和巴尔干半岛发动攻势，不要像现在这样采取横渡海峡的计划。因为这一计划意味着转移到一个新的战场，倘若没有密集的空中攻势来削弱敌人的力量，那么这种转移需要极大的兵力，并且会带来非常严重的后果。另外，海峡计划的准备工作应当放慢，或暂时将它放在冷藏库里，不过另一方面却应加强轰炸，以准备最后的军事突击。

在同一天，罗斯福同美军参谋长联席会议一起听取了丘吉尔的"巴尔干计划"，他要求，盟国抓住意大利投降之机，坚决、果断地向意大利北部挺进，建立防线后，再调部队到亚得里亚海以东作战。丘吉尔非常清楚，机会越长美国人就越有疑虑，担心计划一改动会削弱、影响"霸王"计划。鉴于此，丘吉尔不想重议为加强进攻法国而从地中海调出7个师的决议。

美国陆军参谋长马歇尔与丘吉尔打过几年交道，对他的所思所想一清二楚，打定主意不为丘吉尔的花言巧语所动。对美国人来说，"霸王"计划比什么都重要，他们不同意对已计划安排好的步骤做任何变动。马歇尔主意已定，不管新机会有多大诱惑力，"霸王"计划所需的东西都不应当留在地中海。对马歇尔和他的同事们来说，英国人若想利用意大利崩溃而出兵尽管利用就是，不过只能利用地中海的部队，而不能打进攻欧洲大陆部队的主意。

会议批准的唯一新行动是同意英国去占领多德卡尼斯群岛（地处爱琴

海），即使对这一点，美国人也不同意以任何方式挪用已按计划分配给亚洲太平洋战场和"霸王"计划所需的人力物力。

会议刚一结束，丘吉尔就迫不及待地命令英国中东司令部，让威尔逊将军和亚历山大将军果断、大胆迅速发动进攻，认为大显身手的时候到了。英军中东地区总司令威尔逊收到命令后，不敢怠慢，当天晚间就拼凑起兵力发起对多德卡尼斯群岛的勇猛进攻。

英军首先进攻的是多德卡尼斯群岛中的罗德岛。罗德岛是整个群岛的一把"钥匙"，岛上有良好的机场，占领了该岛也就取得了爱琴海的制空权和制海权，对巴尔干地区产生决定性影响。控制了爱琴海，扼住达达尼尔海峡通道，就能开辟一个到达东欧的捷径，所以罗德岛是一个非常重要的战略目标。

威尔逊手下只有一个旅的兵力，缺少运输工具，甚至连登陆艇都没有，攻击舰就更少了，所以就只能靠奇袭了。当天晚上，陆军少校杰利科勋爵，率领一小队空降兵在该岛着陆，打算占领机场和港口，企图劝说当地意大利驻军司令解除那里 1 个德国师的武装。意大利驻军司令犹豫不决，而德军行动迅速，人数少的德国人先下手解除了意军的武装。面对突如其来的形势，杰利科只能迅速撤走。此后，要想强攻罗德岛，所需兵力已超过中东司令部可能抽调的兵力，最后只好作罢。

9 月 11 日，丘吉尔在华盛顿复电南非总督史末资元帅：

绝对不能中断我们与美国人拟订的"霸王"作战计划的部署。由于潜艇战的和缓及意大利的突变，我们现在得到了额外的运输能力，这也许能够让我们增加"雪崩"作战计划的兵力规模。希望你能了解我国对于"霸王"作战计划的忠诚，它是英美合作大厦的主要基石。我个人认为，以现有的兵力可以在两个战场同时作战，而且我也相信这是正确的战略。

9月18日，英军开始进攻科斯、勒罗斯和萨摩斯三岛。在海军的协助下，相继占领三岛。由于守岛的都是意大利部队，登陆时没有遇到抵抗。岛上的海岸防御工事和防空设施非常脆弱，要抵御势力强悍的德军的反扑，迫切需要重武器，然而这些武器没有船只运送。三个岛中，科斯岛上有一个飞机场，地位非常重要。英军占领该岛后，马上调来战斗机和高射炮，以备德军反扑。然而，威尔逊手下的兵力太少，只有三个营，分别占领三个岛，所以这些岛随时有被德军夺回的可能。

10月3日，希特勒力排众议，下令收复被英军占领的科斯、勒罗斯和萨摩斯三岛。德军空降兵于当天即空降科斯岛，守卫机场的一连英军根本不是对手。意大利驻军像两星期前不抵抗英军一样，对德军照样一枪未放。德军当即占领科斯岛。

一支活动在地中海的英国海军分遣队几天后在斯坦伯利亚群岛附近发现并击沉了德国的运兵舰队，才没使进军三岛的英军全军覆没。要想避免灭顶之灾，英军的当务之急是向这些岛屿增援，而援兵的唯一来源是地中海中部，即盟军地中海总司令艾森豪威尔麾下的部队。这个时候，丘吉尔的信心又高涨起来，一封封电报从伦敦发到地中海盟军指挥部，同时发向华盛顿白宫罗斯福总统的办公桌上，还指派威尔逊将军亲自到地中海战区指挥部求援。

美国人对英军在爱琴海地区的处境表示同情和关切，但爱莫能助，派不出一兵一卒。罗斯福是这样回复丘吉尔的：

完全理解你们在地中海东部遇到的困难。我认为，如果从意大利抽调部队会危及那里盟军的安全，这样的话就不适合从意大利调出任何部队，再说也不能为了次要目标而妨碍作为主要目标的"霸王"战役的顺利进行。美国三军参谋长均赞同我的上述意见。我已将你来电的副本寄给了艾森豪威尔将军。

丘吉尔收到罗斯福的电报后，高涨的热情顿时凉了一大截。他明白，事到如今，只能靠自己了。丘吉尔下令中东英军总司令威尔逊把手头能用的兵力全都派出，勒罗斯的守军增至3个营。这3个营是皇家明火枪团第二营、禁卫军第一营和第三步兵团第四营，都是英军的精锐，在马耳他战役中经受过围攻和断粮的艰苦考验，但人数相对德军来说实在是太少了，还没有空中火力支援。然而，这是丘吉尔的得意之作，他是不会轻易放弃的。

◎ 又一个西线防御密令

　　1943 年 10 月，德军西线总司令龙德施泰特视察了海岸防御情况，这对于这位 69 岁的老元帅来说并不是一件轻松的事。视察后，他向希特勒送上一份报告，大意是岸防工事不足，部队太分散。报告指出，他的部队只是"有条件地做好战斗准备"，希特勒认真处理了这份报告，并于 11 月 3 日就西线防御颁布了具有重大意义的第 51 号指令。

　　11 月 3 日，希特勒发布第 51 号作战指令，要求西线德军密切关注英吉利海峡盟军的一举一动，以防止其在西欧登陆，并指出盟军的登陆地点极有可能在挪威或者丹麦海岸，第 51 号指令全文如下。

元首 元首大本营

国防军统帅部/国防军指挥参谋部/作战处 1943 年 11 月 3 日

1943 年第 662656 号绝密文件

仅传达到军官

第 51 号指令

两年半以来，我们同布尔什维主义浴血奋战，损耗了我们的主要军事力量和最大的精力，这就是当下的危机与形势。其间，整个形势发生了很大变化。东线战场危险依然存在，而西线又出现了更大的危机：盎格鲁－撒克逊人的登陆。东线由于地域辽阔，万不得已时可以放弃大量土地，不至于对我国构成致命的威胁。西线却不同，敌军一旦在宽大的正面突破了我们的防御，那么后果将不堪设想。种种迹象表明，敌军最迟在春季（很可能提前）可能对我们的西部防线发动攻势。

鉴于此，我们不能为了增援其他战场而削弱西线。我决定加强西线的防御力量，尤其是加强即将开始对英国实施远距离战斗的那些地方的防御力量；因为敌军肯定会进攻那些地方，如果没有完全判断错的话，这些地方将爆发决定性的登陆战役。

应充分估计到敌军有可能在其他战线实施牵制性进攻或佯攻，但也不能排除其对丹麦发动大规模进攻的可能性。对于这种进攻，从海上实施支援较为困难，从空中实施支援也不会有什么好的效果。不过一旦成功了，将会在政治方面和军事方面产生非常大的影响。

登陆战打响后，敌军的全部攻击力量一定会指向我们的海岸防御部队。唯有竭尽本土和占领区的所有人力物力构筑起最坚固的防御工事，才能在可以支配的短时间内加强我们的海岸防御力量。

有重点地把最近运到丹麦和西部占领区的固定武器（重型反坦克炮、埋入掩体的坦克、海岸火炮、抗登陆火炮、地雷等）集中配置在可能受威胁最大的海岸地段。当前无力加强受威胁较小的地段的防御力量。

如果敌军集中兵力强行登陆，一定要以最大的力量发动反突击。需要提醒的是，通过迅速前调足够的兵力兵器，通过严格的训练，将现有部队打造成精锐的、具有攻防能力的和高度机动能力的预备队。这些预备队以反突击阻止敌人扩大登陆场，并最终把敌军赶下海。

另外，还要采取事先经过周密准备的指挥措施，以便从未受到攻击的海岸地段和本土抽调一切可供使用的兵力，以最快的速度迎战实施登陆的敌军。

在残酷的战斗中，空军和海军必须动用一切可以动用的兵力抗击敌军必然从空中和海上实施的强大进攻。

为此，我命令：

一、陆军

1.陆军总参谋长和装甲兵总监察长尽快向我报告关于今后3个月配给西线和丹麦的武器、坦克、突击火炮、汽车和弹药的计划。该计划应涉及一些新情况。

制订该计划时，以下列几点为基础：

（1）到1943年12月底，西线所有装甲师和装甲步兵师均具备足够的机动能力，给这些师各装备93辆IV型坦克或突击火炮及大量反坦克武器。

到 1943 年年底，将第二十空军野战师改编为具有战斗力的机动部队，并配备突击火炮；给党卫队"希特勒青年队"装甲步兵师、第二十一装甲师及在日德兰半岛使用的步兵师和预备队师尽快补充武器。

（2）给西线和丹麦的预备队装甲师以及丹麦的突击火炮训练营再补充一些 IV 型坦克、突击火炮和重型反坦克炮。

（3）在 1943 年的 11 月和 12 月，每月应给西线和丹麦新组建的部队增配所需要的 100 门"40"型和"43"型重型反坦克炮（其中一半应具有机动力）。

（4）为了改善西线和丹麦海岸守备师的装备，为了使从未受到攻击的地段抽出的部队能得到统一的装备，需要提供大量的武器（其中约需 1000 挺机枪）。

（5）给受威胁地段的部队大量装备近程反坦克武器。

（6）提升丹麦和西方占领区海岸守备部队的炮兵战斗力和反坦克能力，同时加强统帅部预备队炮兵。

2. 未经我的批准，所有配置在西线和丹麦的部队，所有在西线新组建的装甲部队、突击炮兵部队和反坦克部队，不得调往其他战线。

陆军总参谋长和装甲兵总监察长通过国防军统帅部、国防军指挥参谋部向我报告关于各装甲营、突击火炮营、反坦克营和连的装备完成情况。

3. 西线总司令通过图上作业和司令部演习，确定以空前的规模从没有受到进攻的地段前调刚刚才具备进攻能力的部队的日期。在这方面，我要求，不顾一切地从未受到成胁的地段抽调除少量警卫力量外的兵力。

准备从警戒和值班部队中抽调警戒和警卫力量，派往那些调走了预备队的地区。同时，还要准备好建筑力量用于修复可能被敌空军炸毁的交通道路，注意尽可能使用当地居民。

4.驻丹麦德军部队司令按照第3条的规定，在其管辖范围内采取措施。

5.陆军装备主任兼后备陆军司令根据特别命令，从本土战区的教导队、训练班、学校、训练与康复部队中正在康复的人员共同组成陆军预备队。新组建的团规模战斗群、警卫营和建筑工程兵营做好准备，以便在命令下达后48小时内运往前线。

另外，应将现有的武器分配给开进队伍中的其他可供支配的人员，以便迅速弥补可能出现的严重损失。

二、空军

在加强西线和丹麦空军部队的攻击和防御力量时，应考虑到目前的整个局势。

准备从本土防空部队、学校和本土战区训练部队中，抽调一切可以抽调的和适于进行防御战斗的航空兵部队和机动高射炮兵部队，将它们派往西线，必要时可以派往丹麦。

准备在挪威南部、丹麦、德国西北部和西线扩建空军地面设施，做好物资储备工作，以便在大规模战斗开始时，能通过实施最大限度的疏散，使我方部队免遭敌机的轰炸，并分散敌军的攻击力量，这样非常有利于我方的歼击航空兵。它们的作战能力必然会因拥有大量野战机场而获得提高。特别需要注意的是，进行最严密的伪装。

我希望在这里能不顾一切地调集所有的兵力，甚至不惜将受威胁较小的地区的部队全部调光。

三、海军

准备派出尽可能强大的、适于攻击敌登陆舰队的海上兵力。

以最快的速度完成业已动工的海岸防御工事的构筑任务。

考虑增建海岸炮兵连，研究一下增设侧翼障碍的可能性问题。

学校、训练班和其他陆上指挥机构中适于进行地面战斗的全体军人做好战斗准备，以便能在极短的时间内将他们至少作为警戒部队使用在敌军登陆的作战地区。

海军在准备加强西线地区的防御的同时，应特别注意防止敌人在挪威或丹麦地区登陆。我认为在这方面，为北方海区准备好大量潜艇具有非常重要的意义，暂时不得不削弱大西洋潜艇部队。

四、党卫队

党卫队帝国司令应考虑提供武装党卫队和警察部队担负战斗、警戒和警卫任务的问题。准备从本土战区的训练部队、后备部队和康复部队以及学校和其他单位中抽人组建具有作战能力的部队，担负战斗和警戒任务。

五、国防军各军种总司令、党卫队帝国司令、陆军总参谋长、西线总司令、陆军装备主任兼后备陆军司令、装甲兵总监察长以及驻丹麦德军部队司令应在 11 月 15 日前向我报告已采取的和打算采取的措施。

我希望，在还可支配的时间里，所有单位全力以赴为西线预期的决定性会战做好准备。

所有负责人要忠于职守，保证在其主管的问题上不会无效地浪费时间和劳动力，从而使防御和进攻力量得到加强。

（签字）阿道夫·希特勒

希特勒的第 51 号作战指令要求德军尽快组成快速战略预备队，以反击盟军的登陆。这也正是西线总司令龙德施泰特一直提的要求，并且作为他防御计划的核心。

◎ 隆美尔这个人

11月6日，隆美尔被希特勒任命为西线特种任务集团军群总司令，归西线总司令龙德施泰特指挥。其任务是研究西海岸的防御配置，负责改进从丹麦到西班牙边境数千公里的岸防工事，并草拟出抵抗入侵之敌的作战计划。隆美尔于1944年1月初来到西线，到任后立即着手布防，准备狠狠回敬一下那些曾在非洲击败过他的可恶对手。用蒙哥马利的话说："隆美尔将使出浑身解数迫使我们重演敦刻尔克那一幕。"

隆美尔，全名埃尔温·约翰尼斯·尤根·隆美尔，1891年11月15日生于德国南部的海登海姆，和许多德国将领不同，隆美尔并非出身军人世家的贵族家庭。因此，他的姓名中没有"冯"这个字，他的父亲是位小学校长。幼年时的隆美尔并不是特别聪明，十几岁后才慢慢开窍。1910年7月，他进入符腾堡第四十三步兵团担任下士入伍生，次年3月进入但泽军官学校。1912 年春天毕业后，隆美尔回到原来的部队任少尉排长。

一战时，隆美尔随部队开赴法国，后又在东线与罗马尼亚人和意大利人作战，先后获得德皇威廉二世授予的二级铁十字勋章、一级铁十字勋章、功勋奖章。一战结束后，担任过步兵营长和陆军学院教官。1936 年 9 月，任希特勒警卫部队指挥官。1937 年，他将自己在军官学校时的讲义整理出版，书名为"步兵攻击"。这本书一经问世就引起了德国军事专家的关注和推崇，随后几年，该书一再重印，并引起了希特勒的注意。1938 年，隆美尔升任元首大本营司令官，并获少将军衔。1940 年 2 月任第七装甲师师长，为该师赢得了"魔鬼之师"的称号。

隆美尔

1941 年 1 月，隆美尔担任德国"非洲军团"中将军长。他到达北非后，不到两个月就扭转了北非战局。隆美尔被晋升为上将。非洲战场的出色战绩，为隆美尔赢得了"沙漠之狐"的美誉。1942年6月，隆美尔被擢升为德国陆军元帅。1943年2月，德国组建非洲集团军群，下辖德国第五装甲集团军和德国－意大利第一装甲集团军，隆美尔任总司令。1943年3月31日，希特勒将隆美尔召回最高统帅部，授予他橡树叶钻石勋章，命他免职疗养。1943年8月，希特勒再次起用隆美尔，任命他为驻意大利北部B集团军群司令。12月，B集团军群司令部移驻法国，隆美尔受命负责构筑沿海要塞工事，即"大西洋壁垒"。

1944年7月17日，隆美尔乘车视察前线返回途中遭遇美军飞机袭击，被摔出车外而负重伤。7月20日，施陶芬贝格暗杀希特勒的行动失败后，隆美尔被指控为谋杀希特勒的同犯。10月14日，希特勒派人送毒药给隆美尔，并传达了指示：服毒自尽。之后希特勒将对隆美尔的叛逆行为严加保密，并为他举行国葬，其亲属可领取陆军元帅的全部抚恤金；否则，隆美尔将受到法庭审判。隆美尔选择了前者。希特勒下令为隆美尔举行国葬，隆美尔的老上级、陆军元老龙德施泰特元帅致悼词，希特勒亲自为其送葬。

在二战众多名将中，能做到生前显赫，死后殊荣不断，特别是被敌对双方都认可的，唯隆美尔一人。后人对隆美尔的评价趋于两极化，支持的人将其称为纳粹德国的战神，其高超的军事素质和出色的战术才能受到了许多军事爱好者的推崇，甚至是著名军事家的尊敬和崇拜；反对的人根据其战略错误称之为"战术上的巨人，战略上的矮子"，鉴于隆美尔曾经是希特勒的爱将，是希特勒最得力的侵略工具，因此他又被称为

"二战纵火犯"。

隆美尔不仅是一位卓越的指挥官，还是一位出色的工兵专家。隆美尔立志要在海滩上击退盟军的任何入侵，他指挥着一支由 50 万苦工组成的劳动大军。这些苦役在海水底下和地雷密布的海滩设下大量钢筋混凝土组成的障碍物，在海岸上构筑了许多隐蔽得很深的炮台，以控制所有可能强行登陆的地点。

另外，隆美尔还在盟军可能的登陆地点布设了反坦克陷阱、带刺铁丝网、工事坚固的步兵掩体以及厚壁碉堡；海岸后面设下雷区；再后面，平坦的田野上，筑起鳞次栉比的哨所，以便粉碎盟军的任何空降行动。德军还在诺曼底海岸后面沼泽遍布的低地上，特别是在重要港口瑟堡南面的科汤坦关岛低部地区引入大量海水，以增加盟军空降突击时的困难。

为了加强西线部队力量，希特勒从苏德战场调回精锐的装甲师。当盟军反攻时刻逼近时，德军已在法国北部和比利时、荷兰等国家境内集结了 41 个师，另有 18 个师驻守卢瓦尔河南岸，随时准备北上增援。在被德军占领的法国，德军预计盟军将在加莱和布伦附近地区发动反攻，于是在这一地区驻扎的第十五集团军共计有 19 个师，而驻守在诺曼底的第七集团军只有 10 个师。当时，德军在南欧还驻有 56 个师，在斯堪的纳维亚有 18 个师警戒待命。

这样，德军共投入了 133 个师在西欧与盟军对峙，有 165 个师在东欧与苏联交战。在德军 32 个装甲师中，有 18 个师继续对战苏联红军，12 个师准备阻击英美盟军的法国登陆战。然而，令人不解的是，二战初期，德军曾经狠狠地教训过自己的对手，让他们尝过密集坦克群的威力，如今德军在西线的装甲师却分散配置在比利时至波尔多漫长的战线上。

1943 年深秋，德国在西线的兵力增至 49 个帝国师，这些师的装备、人数和战斗力差别很大。有些步兵师从 1940 年以来就长期驻扎在法国，负责为苏联战场、巴尔干战场和北非战场训练补充兵员。还有一些师曾经长期作战，以大批作战经验丰富的军官和士官为骨干，战斗力很强，但这些人大都负过伤，不适合服役，应该到后方疗养。这些师所补充的兵力非老即幼。

盟军与德军交战之后

1943 年的德国陆军人员平均年龄为 31.5 岁，比美国陆军的平均年龄大 6 岁。有一个德国师的平均年龄竟高达 37 岁。官兵们的健康状况很差，德国已经没有精力改善部队的医疗状况。在某守备师中，士兵普遍患有疾病，主要是严重的胃病。为了搞好训练和防守海滩，驻扎在法国的德国师都在沿海地区布防。这些师中有很多并未按照正常编制辖 3 个团，每个团辖 3 个营，而是每个师辖 2 个团加 1 个营。有些师虽辖 3 个团，但其中有 2 个团每个只有 2 个营。有些营的官兵是哥萨克人和鞑靼人，这些非德国人组成的营主要驻扎在布列塔尼半岛。在纪龙德河以南一带，还驻扎着一些印度籍部队。

在英吉利海峡群岛，驻扎着德国第三一九步兵师、部分装甲部队、一个防空旅和一个海军岸防炮兵连，总兵力 4 万。在纵深的法国内陆地区，经常有若干受到重创的师在休整，还有一些师在改编。德国在西线还有两种步兵师，即空军野战师和空降师，均属于德国空军。1942 年，德国将多余的地勤人员组建成一个空军野战师，随时准备将它派往苏联战场。空军野战师装备精良，但大多数军官和士兵缺乏地面作战的训练与经验。在苏联战场，空军野战师损失惨重，战果很小。当时，如果将空军野战师解散作为新生兵员输送到各个师，情况一定会好得多，但空军总司令戈林认为空军野战师属于空军，不准解散。空降师受过残酷的训练，是一支精锐，并装备了精良的陆战武器的队伍。有趣的是，空降师没有参加过空降作战。德国第二防空军肩负着防空任务。当时，德国在西线驻扎着 20 万～ 30 万空军地面部队和地勤人员。由于飞机越来越少，德国空军逐渐放弃了靠近沿海地区的机场，调到法国内陆机场。

◎ 不给丘吉尔面子

11月12日清晨，在大批德军飞机猛烈的轰炸下，德国陆军从勒罗斯岛（地处爱琴海）东北端登陆。下午，600名德国空降兵突然降落在没有设防的该岛中部，将守岛英军的防线切成两段。英军以前曾报告说，该岛不适合伞兵降落，然而德国人改写了英国人的报告，空降一举成功。为了夺回中线阵地，英军奋力反击。驻守萨摩斯岛的英国皇家西肯特团前来增援，但为时已晚。4天后，该岛被德军占领。

面对事实，丘吉尔不得不承认："我们在爱琴海的一切希望暂时破灭了。""这是1942年托布鲁克战役以来，我们第一次遭到真正的重大挫折。"

11月23日8时，有中国人参加的开罗会议开始召开，这是协调英美两国军事战略、安排中国战区战略进攻方向的会议。英美两国军人和政治家们就各种计划草案发生了激烈的争执。

会议重点研究了中国战区问题。盟军参谋长联席会议成员同罗斯福、丘吉尔、蒋介石及蒋夫人宋美龄坐在一起，研究缅甸问题。蒙巴顿勋爵把进攻缅甸的详细计划合盘托出，并进行评价。蒋介石打心眼里高兴，他最大的希望是尽快收复缅甸，以便重新打开通向中国的供应线。美国人当然支持这个计划，也正是在美国的提议下才把蒋介石请来的。英国人本来就没把中国看成大国，也不欢迎蒋介石出席会谈，所以英国人在发言中傲慢地贬低中国战区的意义，避而不谈关于英国出兵援华的任何建议。

蒋介石　罗斯福　丘吉尔　宋美龄

11 月 24 日，开罗会议的研究重心移到欧洲战场。英美双方各有主意，一脸严肃地走进会场。美国陆军参谋长马歇尔事先预计到出席会议的丘吉尔一定会利用机会重弹"巴尔干"计划的老调。果然不出所料，丘吉尔一开始就在会议上做了一个冗长、生动、美国人耳熟能详的发言。

丘吉尔从英国刚刚撤出的多德卡尼斯群岛谈起，大谈其中的罗德岛是打进巴尔干半岛的非常好的立足点，由此取道希腊、土耳其，就能赶在苏联军队之前占领罗马尼亚、匈牙利、奥地利。他希望英美联合作战，攻占这个岛。

丘吉尔的发言让美国人听了非常刺耳，同样的内容在几个星期前曾被美国参谋长联席会议否定过，今天又改头换面提了出来，当然遭到了马歇尔等人的反对。此时的美国，不仅有了丰富的战争经验，而且实力大大超过了英国。就人力资源来说，英国已达到其动员潜力的顶峰，还只有450万人，美国的兵力是英国的一倍多，而且每天都有人应征入伍，数字还在攀升。

在丘吉尔进一步提出希望盟军1月份攻陷罗马，2月份攻占爱琴海的罗德岛的具体时间表后，马歇尔实在忍不住了，决定开始反击。马歇尔与丘吉尔打过多次交道，一直非常尊敬和钦佩丘吉尔，但这次为了大局，同这位英国首相面对面激烈争执起来。两人说话声调越来越高，各不相让。吵到最后，丘吉尔索性站了起来，扯着自己上衣的翻领，高声嚷道："国王陛下的政府不能让军队无所事事，步枪必须吐出火焰，坦克必须奔驰战场。"

马歇尔毫不示弱，站在对面，措词严厉地说："我要是独断独行，天理难容，但是……我决不让美国士兵去那片（罗德岛）该死的海滩送死！"

会议在讨论具体作战计划时，英美参谋长级将军之间爆发了激烈冲突。在议论从什么地方调配坦克登陆艇时，英国人提出要把用于缅甸战场的登陆艇调出来，用于东地中海，这种登陆艇排水量大，设有巨大的船舱，可并排放置41辆坦克，舱门开在船头，坦克可直接从船舱开到海滩上。意大利、印度、法国南部战区和太平洋地区都急需这种登陆艇，而"霸王"战役也很需要它。

英国人提出的建议如同在平静的水中倒入一股硫酸，引起美国人的激烈反应，双方几乎大打出手。参加会议的美国将军史迪威后来回忆道："当时布鲁克发怒了，火冒三丈，而金也不是好惹的，为达英国人的目的竟敢动用他管辖的登陆艇。金气得怒发冲冠，差一点蹿过会议桌扑到布鲁克身上。金简直气疯了，我真希望他给布鲁克一拳。这次，我们让英国佬威风扫地了，真是痛快！"

几番争吵，令英国人目瞪口呆，特别是看到有人声色俱厉地对他们的首相讲话。丘吉尔显出一副受辱的样子，整日郁郁寡欢。从此，英国人再也没有向马歇尔提起过罗德岛。

11 月 25 日是感恩节，为缓和英美双方会谈的对立气氛，罗斯福邀请英国人到他那幽静的白色别墅参加火鸡宴，总统先生亲自动手为大家切火鸡。之后，大家来到临时作战联合参谋长会议会场的大会议室。屋子里一部老式的留声机放出悦耳的舞曲，人们翩翩起舞。可惜女性太少，只有丘吉尔的女儿萨拉·丘吉尔，邀她跳舞的人使她应接不暇。轻松的舞会似乎没有收到多大效果，接下来的会场上双方的火气依然很大。直到开罗会议于 26 日结束，英美双方就欧洲战场的问题仍没达成一致意见，所以在会后发表的《开罗宣言》中只是明确宣告：战争结束后，日本必须将东北三省、台湾和澎湖列岛归还给中国，并使朝鲜独立。

◎ 德黑兰，历史从这里改写

11 月 27 日，英美双方人员带着比原来更大的分歧踏上飞往德黑兰的旅程。从开罗到德黑兰大约需要 6 个小时的航程，途经巴勒斯坦全境。罗斯福深知自己的身体状况，"恐怕以后再也不会飞这条航线了"。他特别要求给点多余的时间，好好看看这个基督的诞生地。

11 月 28 日 16 时，具有世界级历史意义的德黑兰会议在苏联驻德黑兰大使馆举行第一次全体会议。出席会议的有美国总统罗斯福、英国首相丘吉尔、苏联人民委员会主席斯大林，还有三方的外交部长和军事领导人。为了保密，整个德黑兰会议取了个意味深长的代号"找到了"。斯大林在前一天抵达德黑兰，这是他自十月革命以来首次离开自己的国家。

此次三巨头聚会讨论的问题很多，包括三国对德方针、确定英美在欧洲开辟第二战场的日期，并将对远东问题、分割德国、波兰疆界以及战后建立"维护和平"的国际组织等问题交换了意见。其中关键的问题是讨论在欧洲开辟第二战场。罗斯福被推选为会议主席。

德黑兰会议"三巨头"

会议开始，三巨头发表开场白。罗斯福诙谐地说："作为在座的三人中最年轻的，我欢迎各位长者。同时，我告诉各位，这种性质的会议是朋友之间在完全坦率的气氛中进行的，所谈到的一切都不予公开。"他最后说："我确信这次会议一定能够取得成功。我们三个大国不仅在战时密切合作，而且还会世世代代保持密切联系。"话音一落，大家发出了会心的笑声。

丘吉尔接着说："这是人类历史上和平力量空前伟大的一次集合。此刻，集中在我们手里的力量定能缩短战争，更有把握夺取胜利，而且绝对可以肯定的是我们掌握了人类幸福的命运。"

斯大林最后发言，对英国和美国的代表表示欢迎，他说："此刻历史给予我们极好的机会，现在这里的代表们就要明智地运用他们尊敬的人民所赋予的权力，使这次兄弟般的会议圆满成功。"

三巨头发言后，会议进入了实质性的讨论阶段。

罗斯福开始了正式发言，他首先概述了对这场战争形势总的看法，并从美国的角度谈了一下这场战争的需求。随后，罗斯福把话题转向欧洲战场，他说：

我要强调一下，半年多时间里，我与首相举行过几次会谈。最近的两三次会谈中，一切军事计划都是围绕如何减轻德国对苏联战场的压力。

……

主要问题是海运的困难，直到魁北克会议时，才有可能为横渡英吉利海峡确定一个日期。在魁北克会议上通过的计划中，涉及派遣一支庞大的远征军，当时决定横渡海峡行动的日期是 1944 年 5 月 11 日。

……

需要考虑的问题之一是怎样让地中海的盟军最大限度地支援东线的苏联军队。

……

在这些可能做的事情中，有一些也许会让大规模横渡英吉利海峡的战役推迟一个月、两个月或三个月。

斯大林不希望英美用地中海地区的作战代替或影响横渡英吉利海峡的登陆作战。有情报表明，丘吉尔对横渡英吉利海峡的登陆战役能否顺利进行长期抱有怀疑态度。丘吉尔此行的目的之一就是想说服他们，同意立即在意大利或其他什么地方发动一次对英国更为有利的战役。

于是，斯大林说："苏联军队正紧张地忙于西线作战。尽管前线的主动权总的来说掌握在我们手里，但是由于受冬季气候条件的限制，苏军的攻势已经缓慢下来，德军企图再次占领基辅。"

斯大林讲话语气平缓，思维周密，言简意赅。他一针见血地指出："在意大利作战的确有重大的价值，但是我不认为意大利是进攻德国本土的好地方。我们认为最好的方法是由法国的北部或西北部直捣德国的心脏，甚至经由法国的南部也行，而进攻法国北部是最好的策略。"

丘吉尔先绕了个大弯子，说英美两国对诺曼底登陆作战计划已久，但是鉴于现在的欧洲形势应力劝土耳其参加战争，利用地中海出现的大好形势，在这一地区对德军采取军事行动。

为此，可把预定的横渡海峡的计划再推迟两三个月。

丘吉尔辩解："在我看来，预计攻占意大利首都罗马后，还要过 6 个月才能发动横渡英吉利海峡的战役，但是我和总统先生两人都认为军队在这段时间内不应闲着没事干。只要军队在作战，英国和美国政府就不会受到批评，而如果……"他没有说下去，忽然话题一转，"英国和美国很早就对横渡海峡战役的必要性表示赞同，将这次战役定名为'霸王'战役。目前正调用我们两国绝大部分的共同资源和力量，指定用于'霸王'战役英军的 16 个师是远远不够的，应当由美国为'霸王'战役的进展源源不断地送来必要的增援部队。"

斯大林坚持说："按照我的意见，'霸王'战役是一个规模非常大的战役。

如果在'霸王'战役开始前两个月左右，再发动进攻法国南部的战役就会有利些，并且更有把握取得成功。我一直认为，在法国采取这样一种两面夹击的战术将会是非常成功的。"

会议对是否在意大利作战、在意大利作战会不会影响"霸王"战役以及土耳其参战等问题，进行了一次又一次针锋相对的发言。三巨头各抒己见，互相试探。渐渐地，美苏两国在欧洲战场上的方针开始趋向一致，这一点使他们亲近起来，这样无疑冷落了英国人。

11月29日下午4时，德黑兰会议举行第二次全体会议。会议地点改在英国驻德黑兰公使馆内。会议是以一个简短而令人难忘的赠剑仪式开始的。丘吉尔给斯大林带来一柄"斯大林格勒"荣誉之剑。剑上用英文和俄文刻着"赠给坚强如钢的斯大林格勒市民，国王乔治六世代表不列颠人民敬赠"。仪式庄重，三巨头并肩站立，指挥仪仗队的英俊的英国中尉高擎着那柄修长笔直的宝剑肃立一旁。

丘吉尔发表即席讲话，他感情充沛，充满激情，说奉国王之命将此荣誉之剑交给斯大林，并请他转交给英勇的斯大林格勒市民，对此他感到无比荣幸。

斯大林用俄语致答谢词。接着，丘吉尔庄严地双手托剑，交到斯大林手上。斯大林深受感动地接过宝剑，俯身吻了一下精美的剑柄。然后，把剑转交给身边的伏罗希洛夫元帅。赠剑仪式到此结束。

感人的赠剑仪式并没有缓和接下来各方为各自目的进行论战的激烈程度。下午会议围绕开辟第二战场的问题继续。三方军事领导人英国的布鲁克、苏联的伏罗希洛夫和美国的马歇尔参加了会议，并在会议开始时就有关军事问题向三巨头作了简短汇报。

为了进一步促进英美两国早日开辟第二战场，听完汇报后，斯大林直截了当地问："谁将指挥'霸王'作战？"

"还没有确定。"罗斯福总统没有料到斯大林会问这个问题，只得如实说。

斯大林尖锐地指出："如果不是由同一个人既负责战役的准备，又负责战役的执行，那么这个战役是很难成功的。"

丘吉尔插话："我们的摩根将军负责准备工作已经有一些时间了，但是真正的指挥官还没有任命。英国政府考虑到大部分军队来自美国，希望由一位美国将军来担任指挥，两周内将会发表任命通知。"

罗斯福说："在这里匆忙做出任命决定都会影响挑选工作。"

"我们不想在选择总司令的问题上有发言权，我们只是要知道谁是总司令，并希望尽快任命。"斯大林说。

丘吉尔说："我对提到会议上来的问题有点担心。几亿人民正关注着这次会议，我希望在重大的军事、政治和道义问题上达成协议前，会议不要解散。"他情不自禁地高谈阔论起来，念念不忘他的"巴尔干"计划，又把话题转到了地中海战场上来。丘吉尔的发言很长，再一次强调要在地中海方向作战，以支援"霸王"战役，并强调这种支援的规模和时机都是非常重要的。

斯大林对丘吉尔拐弯抹角的发言很不满意，直截了当地说：

我们认为，土耳其、游击队乃至占领罗马都不是真正重要的军事行动，而"霸王"战役才是最重要的，不应当分散对这一战役的注意力。我觉得应授予军事参谋部一项指令，建议指令内容如下：

1. 为了使我国能在东线支援"霸王"作战，必须规定一个日期，这个战役决不能延期。

2. 如有可能，进攻法国南部的战役应在"霸王"作战前两个月实施；如不可能，也可以同时进行，甚至可以比"霸王"作战晚一些时间。法国南部作战与罗马或巴尔干地区的牵制性战役不同，它是一个辅助战役，能确保"霸王"作战的成功。

3. "霸王"作战的总司令人选应当尽快确定下来。任命没有做出前，"霸王"作战就没有真正开始。

最后，我想坦诚地向丘吉尔先生提一个问题，你们是真正相信"霸王"作战，还是仅在口头上说说，好让我们放心？

丘吉尔赶忙说："如果具备莫斯科会议上所列举的条件，英国政府有责任把所有力量投入'霸王'作战。"他建议美英参谋长们明天早上开会，尽力拟出一份共同意见，交给首脑会议。为了缓和会议气氛，罗斯福、斯大林、丘吉尔一致同意第二天下午1时30分共进午餐。会议暂告休会。

11月30日下午4时，德黑兰会议举行第三次全体会议。会议一开始，罗斯福提议由英军总参谋长布鲁克爵士代表盟军最高参谋部作报告。为了摆脱昨天的被动，英美两国军事人员上午就"霸王"作战问题进行了研究。这时，就是汇报研究结果的时刻。

布鲁克说："盟军参谋长联席会议达成了如下协议，并提请总统和首相予以批准。双方同意：'霸王'作战于1944年5月发起；同时，在法国南部将会组织一场支援战役，这一战役中可以利用的登陆艇的数量可以使战役规模尽可能地大。"

听了这一协议，三巨头会心地笑了。斯大林说："我充分理解已做出的这一决定的重要性和实施'霸王'作战可能遇到的种种困难，为了不让德国人有调动军队的可能性，我保证在'霸王'作战进行的同时，苏联红军将在若干地点发动大规模的攻势，以牵制大量的德国军队，使其不能西调。"

罗斯福说："我们意识到三国参谋部保持最密切合作的重要性。另外，请允许我荣幸地告诉斯大林元帅，关于'霸王'作战总司令的任命，将在三四天后或在我和首相回到开罗后立即进行。"

丘吉尔说："在已经做出这一重要决定后，现在的主要问题是找到满足我们需要的登陆艇。我认为应当用摧毁性的力量来实施'霸王'行动。"

在开辟第二战场的主要问题上，苏美英三方取得了一致意见。其中在法国南部实施的辅助性登陆战役，成为后来的"铁砧"战役。这个"铁砧"战役将从科西嘉岛和撒丁岛发起，在法国南部某一地区登陆，以配合进攻规模巨大的"霸王"战役。在讨论了其他重要的政治问题后，会议宣告结束。

第三章

登陆地，令德军眼花缭乱

盟军频繁出动大批飞机深入加莱后方轰炸战略目标，使德国更加相信：盟军的确要在加莱登陆。为了欺骗德军的空中侦察，英国政府派人用木材和充气橡胶做了大量坦克、卡车和飞机模型。

◎ 盟军首领

1943年12月3日，美国总统罗斯福在开罗任命艾森豪威尔为盟军总司令，指挥"霸王"登陆战役，并于圣诞节前向外界正式公布了这一任命。

艾森豪威尔，全名德怀特·戴维·艾森豪威尔，小名艾克，祖先是德国人，1732年艾森豪威尔家族移居美国。1890年10月14日生于美国得克萨斯州的丹尼森市。艾森豪威尔的父亲是一名制乳厂工人，有7个孩子，他排行第三。1915年，艾森豪威尔毕业于西点军校，是班级里年龄最大的学生，毕业时在班上排在第61位，只得到军士长的军衔。艾森豪威尔这一届的毕业生可谓将星闪耀，168名毕业生中有56人晋升为将军，因此被称为"将星云集之班"，二战名将布莱德雷就是他的同班同学。另外，有一个叫王庚（民国奇女子陆小曼的前夫）的中国人也是艾森豪威尔的同学，他在班上排名第14位。

在西点学习的 4 年里，艾森豪威尔的学习成绩平平，操行成绩很差，常常违反校规，受过几次记过处分，不过他的球艺超群，是西点足球队里最好的中锋。毕业后，艾森豪威尔在得克萨斯州圣安东尼第十九步兵师服役。1925 年先后在参谋学校、陆军军事学院学习。1929 年至 1932 年任陆军部长特别助理。1933 年至 1939 年任参谋长麦克阿瑟的助手。直至太平洋战争爆发，他仍然是一个默默无闻的军人。幸运的是，他长期在麦克阿瑟和马歇尔手下做参谋工作，得到了他们的赏识。

1941 年 12 月，日本偷袭珍珠港，太平洋战争爆发，美国对日宣战。这个时候的艾森豪威尔在马歇尔手下任作战计划处处长，并晋升为少将。1942 年先后任欧洲战场美军司令、北非战场盟军司令，晋升为中将、上将。1944 年任欧洲盟军最高司令，成功策划指挥了盟军开辟欧洲第二战场的诺曼底登陆战役，晋升为五星上将。1945 年继马歇尔任陆军参谋长。1948 年 2 月退役，任哥伦比亚大学校长至 1953 年，从 1950 年起一直担任北约司令。1952 年作为共和党总统候选人参加总统竞选，获胜，成为美国第 34 任总统，1956 年再次竞选获胜，蝉联总统。1969 年 3 月 28 日，艾森豪威尔在华盛顿因心脏病去世。

艾森豪威尔被罗斯福任命为盟军总司令时，引起了德国情报机构的注意。一份有关这位新任总司令的情报称："艾森豪威尔是一名指挥装甲部队作战的专家，以精力旺盛和讨厌按部就班的办公室工作而著称。他注意调动下属的主观能动性，设法通过友好和谅解用宽容的纪律来激发下属的最大潜力。他最大的优点是具有与他人容易相处和调解反对意见的能力。这个人备受罗斯福和丘吉尔赏识。"

当然，这位新任命的总司令并不是所有人都喜欢。一些人称他为"在战场上连一个营都没有指挥过的人"。

12月7日上午，美国陆军参谋长马歇尔拟好给苏联统帅斯大林的电报，拿给罗斯福签字后发往莫斯科。电文是这样写的：已决定委任艾森豪威尔将军指挥这次"霸王"行动。电报发出后，马歇尔取回底稿，用铅笔在上面给新任盟军最高统帅写了几句话：

开罗，1943年12月7日

亲爱的艾克（笔者注：艾克是亲友们对艾森豪威尔的昵称），我想你可能愿意把它留作纪念。这是我在昨天最后一次会议结束后匆匆写的，总统随即签了字。

乔·卡·马歇尔

果然不出马歇尔所料，艾森豪威尔还真的把那张字条保存了下来，并且在1948年写在他那本引以为豪的《远征欧陆》中。

12月24日，英国统帅部命令身在意大利的第八集团军司令蒙哥马利返回英国出任第二十一集团军群总司令，协助艾森豪威尔指挥即将展开的"霸王"行动。

12月27日，蒙哥马利从意大利前线飞往北非的阿尔及尔，会见还未上任的盟军总司令艾森豪威尔。艾森豪威尔告诉蒙哥马利"霸王"行动打响后，最初的地面战斗由他完全负责。艾森豪威尔还谈到对"霸王"战役计划纲要的看法："几个星期前，我看见一份关于拟议中的横渡海峡攻占欧洲大陆的提纲……我对这项计划表示怀疑，因为它设想在一条相当狭窄的只能容纳 3 个师的前线发动两栖进攻，而在攻击时海面只有 5 个师。"

第八集团军司令蒙哥马利

艾森豪威尔谈完对这个提纲的意见后，又指示蒙哥马利，作为他在伦敦的代表，对这个计划进行分析、修正。随后，蒙哥马利飞往摩洛哥的马拉喀什，看望正在养病的丘吉尔。

12 月 31 日，病中的丘吉尔接见了蒙哥马利。丘吉尔把"霸王"行动的计划草案交给蒙哥马利，并指示其尽快制订初步计划。接待晚宴结束后，蒙哥马利立即回到自己的房间阅读"霸王"计划。他在丘吉尔的指令下，违背了自己的信条：一个聪明的指挥官从来不费神去读什么文件和信件。

蒙哥马利熬夜"费神"地读了"霸王"行动计划草案。作为指挥过西西里和意大利登陆作战的经验丰富的指挥官，他一眼就发现了"霸王"作战计划草案的问题所在，并断然拒绝了这个计划，为推进"霸王"行动的成功做出了特殊贡献。次日，也就是1944年新年的清晨，蒙哥马利把一份打印报告呈递给还没起床的丘吉尔。他在报告中特别指出："登陆的正面太窄，局限于过分狭窄的地带，此后将有更多的师不断向同一滩头拥来。到登陆开始日后的第24天，在同一滩头登陆的兵力将达到24个师。到那时，要管好这些登陆滩头将非常困难。混乱状况非但不会得到改善，反而将更加恶化。我的建议是：该计划不可行。"

◎ 悲情隆美尔

1943 年 12 月，德军西线特种任务集团军群总司令隆美尔奉命率陆海空三军专家组成的小型参谋团巡视丹麦的海岸防御。在巡视过程中，隆美尔发现了很多问题。他在法国巡视时得到的印象与丹麦几乎相同，只不过范围更大而已。在法国，德国陆军没有足够的兵力，空军和海军更弱。除重要港口外，其他地区没有统一的防御计划，陆海空三军在防御上没有任何协同。就连炮兵在海岸防御中的使用问题，三军也没有达成协议。陆军想把岸防炮配置在海岸的后方，海军想把它们配置在岸边。德军缺乏汽车，步兵部队机动能力很差。陆地和海上都没有布设足够的地雷和水雷。几乎每位军官都有自己的防御计划，却不了解自己的防区。

隆美尔向德军最高统帅部大本营建议派一个人来指挥西线的陆海空三军，但没人理睬他。防御成功很大程度上取决于如何使用机械化师，在理论上应该把盟军歼灭在海上或滩头。然而，无论是德军西线总司令龙德施泰特、第十九集团军司令佐登施特恩，还是西线装甲部队司令施韦彭布格都认为这是不可能的。他们的防御计划是，先用海岸火炮尽量抵挡一段时间，再用沿岸比较薄弱的封锁线拦截一段时间，当地预备队再组织反击，最后调机械化部队将盟军赶下海。

龙德施泰特认为，反登陆的决战在海滩；施韦彭布格认为，决战会在陆上进行，于是他把装甲部队部署在诺曼底南面的森林和巴黎地区；佐登施特恩则认为，英美空军将起到决定性作用，主张诱敌到巴黎西北方向的塞纳湾与卢瓦尔河之间的地区再决战。与这些将领不同，隆美尔认为，在没有空军的情况下进行反登陆战将是一场灾难，德军没有获胜的希望，只是希望不要败得太惨。隆美尔在军事会议上提出，只要盟军在法国占领滩头阵地，即使后赶来的装甲部队能阻挡盟军的登陆部队，也不可能将其击退，因为盟军的优势实在太强大了。因此，隆美尔主张在滩头击败登陆盟军，并想办法赢得政治上喘息的机会。

为此，隆美尔提出了一个庞大而细致的防御计划，即在重视装甲部队的同时，统一指挥陆海空三军。他计划在滩头构筑一个由支撑点组成的纵深3英里的防御地带，在各支撑点附近布设雷区。这些支撑点由步兵坚守，由防御工事中的火炮提供掩护，并在这个死亡地带的后面部署装甲师。如此一来，死亡地带一旦遭到盟军攻击，德军步兵马上就会得到装甲部队的支援。步坦密切协同战术是隆美尔所长。各个师组成预备队，利用法国良好的公路快速机动，歼敌于滩头阵地。海滩防御体系的缺点是缺乏纵深，所以隆美尔计划在浅水区设置障碍物，在较深的海域布设水雷。隆美尔的主张得到了希特勒的支持。

德军设在水下的障碍物主要是：坦克陷阱、斜向大海的木桩、角锥和轨条柴，再布设大量水雷，设置带有铁质的"开听刀"，这些障碍物将破坏盟军的登陆艇，应尽量向海上延伸。障碍物工程耗费了巨大的人力和物力，到1944年6月距离完工还很遥远。"霸王"行动期间，盟军损失的大多数登陆艇都是这些障碍物造成的。至1944年1月，德军已在英吉利海峡中部稍南的海上，布设了16个雷阵。尽管隆美尔多次要求西线海军在他指定的海域布雷，但是除了上述雷阵外，德军在塞纳湾内并没有布设水雷。造成这种情况的主要原因是德国内部对盟军未来登陆地区的看法有分歧。

隆美尔防御计划中最重要的水雷战没有付诸实施。德国西线海军有一种有效的浅水用的水雷，可惜被布设在迪埃普和纪龙德河口南部，根本没有人听隆美尔的意见。根据计划，德国西线海军准备在情况紧急时，一旦确认盟军舰队发动进攻就马上派出现有舰船去布雷。隆美尔对这种没有把握的措施提出抗议，仍然没有人理他。正如隆美尔所预料的那样，后来盟军舰队比布雷舰艇先到达攻击海域，最需要水雷的海域一枚水雷都没有。当时，只需在塞纳湾布设几千枚水雷就足以给盟军舰队造成重创。隆美尔只有检查防线的权力，有权提出建议却无权下达命令。各地的守备部队渴望听取他的意见，德军高级将领们和参谋部却讨厌他总是提意见。

◎ 别无选择，只能尽力效劳

1944 年 1 月 14 日，艾森豪威尔抵达伦敦就职。他乘坐一架 C-54 飞机从美国直飞英国首都伦敦，浓雾笼罩整个英格兰，飞机不得不在苏格兰的普雷斯特韦奇降落，而后艾森豪威尔改乘火车抵达伦敦。几天后，一封英国人写的尖酸刻薄的信送到了艾森豪威尔的办公室桌上，那人在信中写道：亲爱的先生，我个人欢迎你到英国来，但是我不欢迎你担任盟军总司令，因为我认为应由蒙哥马利将军或亚力山大将军担任此职。我们已经打了 4 年仗，我们的军队进行了艰苦卓绝的战斗。尤其在非洲，我们追逐了隆美尔 1000 多英里，一直把他赶出了非洲……

艾森豪威尔看完信后，不由得微笑起来，他口述了一封谦恭有礼的复信。在信中，他同意这样的说法，即在一大批将军中选择任何一个人担任此职都会比他强。他在信的末尾说："然而，我希望你能同意这一点，只要大不列颠和美国把此责任交给我，我别无选择，只能尽力效劳。"

盟军最高统帅部设在伦敦的格罗夫广场边的一座老式红砖大楼内，司令部的正式名称是"同盟国欧洲远征军最高司令部"，英文缩写"SHAEF"。

艾森豪威尔上任后工作十分繁忙，每天送到他的办公桌上等待他批阅的文件有1米多高。尽管如此，他仍每天过问"霸王"作战计划的制订情况。此时，他心中最重要的事就是尽快完成一份符合他的作战意图的计划书。盟军参谋长联席会议给艾森豪威尔的指示非常明确，进入欧洲大陆，与其他盟国合作，进而发动以进攻德国心脏地区并摧毁其兵力为目标的军事行动。

艾森豪威尔根据盟军参谋长联席会议的指示，认真考虑了自己肩负的重任和军事行动纲领。这个军事行动纲领被他的参谋部会议概括起来有下列八项：

一、登陆诺曼底海岸。

二、为诺曼底－布列塔尼地区的决战准备所需的兵力和物资，突破敌军包围阵地（在开始的两个阶段，登陆作战由蒙哥马利任战术指挥）。

三、用2个集团军群在一条宽阔的战线上追击，重点是在左翼取得必需的港口，逼近德国边境并威胁鲁尔地区。在右翼，同从南面进攻法国的兵力相连接。

四、夺取比利时、布列塔尼及地中海的港口，沿着德国占领区的西部边界建立新的基地。

五、为最后战斗筹备兵力的同时，采取一切办法连续不断地发动猛攻，既要削弱敌军，又要为决战创造有利条件。

六、驱逐莱茵河以西的全部敌军，并在河东寻找桥头堡。

七、依照两翼包围鲁尔的策略发动最后进攻，重点再次放在左翼，之后按照计划中的特定方向直接突入德国本土。

八、彻底肃清残余敌军。

八项行动纲领正是艾森豪威尔担任盟军总司令的使命，正如他后来在回忆录中写的："进攻欧洲大陆开始的前夕，由参谋部会议认真概括出来的这个总方案，在整个战役期间一刻也没有放弃过。"

艾森豪威尔有一个运转高效的领导班子，之前成立的同盟国欧洲远征军最高参谋部并入了艾森豪威尔的司令部。盟军最高司令部的副总司令是英国空军上将特德爵士。特德原为英国皇家空军部长。在地中海战区，他任盟军空军司令，负责西西里岛登陆的空中支援。特德不仅是一位战略家和空军指挥官，在协调关系上也有过硬的本领，善于处理盟军各部队和各军兵种之间的关系。

艾森豪威尔的总参谋长是沃尔特·比德尔·史密斯将军。作为艾森豪威尔的助手和管家，不仅要为总司令出谋划策，组织好司令部的工作，还要毫不留情地把一个不能胜任工作的多年老友解职。对于这些标准，史密斯将军当之无愧。

原同盟国欧洲远征军最高参谋部总参谋长摩根中将担任盟军最高司令部副总参谋长。正是这位具有绅士风度的摩根中将在伦敦诺福克大厦一间空房子里组织人员开始制订最初的"霸王"作战计划。

英国海军上将拉姆齐担任盟军海军司令，蒙哥马利陆军上将担任盟军陆军司令，马洛里空军上将担任盟军空军司令。另外，盟军最高司令部还决定在艾森豪威尔到达法国前，由蒙哥马利任盟军登陆部队的前线总指挥。

"霸王"战役的指挥班子搭建完成后，需要做的就是具体作战计划的拟制。经过修改后的"霸王"作战计划包括以下几个要点：

（1）登陆开始前，空投2个空降师在海滩的内陆；

（2）用舰艇遣送5个步兵师在诺曼底海滩登陆；

（3）第二梯队一部在"D日"第二次涨潮时快速登陆，第二梯队其余部队必须在次日登陆；

（4）之后，盟军将力争以每天1.3个师的速度加强地面部队；

（5）牢固的联合登陆场建立后，应尽早夺取瑟堡港；

（6）争取在6个星期内占领布列塔尼半岛各港；

（7）此次作战较长远的目标是粉碎西线的德军，攻占巴黎，解放法国南部。

为了完成这个宏伟的作战目标，登陆部队编成第二十一集团军群，辖美国第一集团军、英国第二集团军和加拿大第一集团军，并决定建立2个特混舰队：东部特混舰队（英军）和西部特混舰队（美军）。

东部特混舰队由英国维安海军少将指挥，负责运送英国第二集团军的3个师和加拿大的第三步兵师到奥恩河和贝辛港之间正面约48公里的3个地区登陆。这3个登陆地区是"金海滩""朱诺滩""剑海滩"。该特混舰队将包括3个登陆编队，它们分别是"G""J""S"。

登陆编队。整个登陆编队由英国战术空军第二航空队负责空中支援。

西部特混舰队由美军柯克海军少将指挥，负责运送美国第一集团军的3
个师在英军以西的32公里正面的2个地区登陆。这2个登陆地区是"奥马
哈海滩"和"犹他海滩"。该特混舰队包括美军"O"登陆编队和"U"登陆
编队。整个登陆编队由美国战术空军第九航空队负责空中支援。

另外，登陆部队的两支第二梯队登陆编队，即"L""B"后续部队将在
第一梯队登陆之后立即到达。登陆计划明确规定，参加作战的所有军舰和商
船均分别划归各个登陆编队指挥。为了避免在指挥方面产生误会，陆军部队
在海上应服从海军部队司令官的命令。

二战时期的英国装甲部队

◎ 这样的防御，那样的进攻

1 月 15 日，希特勒任命隆美尔为 B 集团军群总司令，仍然受西线总司令龙德施泰特节制。B 集团军群辖第七集团军（驻卢瓦尔河和奥恩河一带）、第十五集团军（驻奥恩河和斯凯尔特河一带）和第八十八军（驻荷兰）。然而，隆美尔保留有一定的权限，即在入侵发生时有权指挥第七集团军和第十五集团军，不过其辖区仅限于从法国海岸起向内陆延伸 25 ~ 35 公里范围内的作战地带。大多数装甲师不是由他指挥，而是编入施韦彭布格将军指挥的西线装甲集群。施韦彭布格也是龙德施泰特的下属，与隆美尔平级，即使是负责法国西南部和南部防御的 G 集团军群司令约翰内斯·布拉斯科维茨上将也与隆美尔平级。

不要说隆美尔，就是西线总司令龙德施泰特也无权向空军第三航空队司令施佩勒元帅、西线海军司令克兰克海军上将下达任何命令，有事只能与空军和海军协商。龙德施泰特不请示德军最高统帅部，根本无权调动任何装甲师或其他师，其实他只是希特勒的一个传令兵。

隆美尔发现就连陆军也没有形成统一的指挥。B集团军群和防守沿海地区的其他部队管辖的范围，纵深不超过36公里，而所有内陆地区均隶属于德国驻巴黎的法国总督。隆美尔尽了很大努力试图克服困难，指挥各地守备部队加快修筑支撑点，并学习布设水雷。工兵部队研制了一种小型水雷，即把重型炮弹弹壳临时凑成各种水雷。到1943年年底，德军在法国浅水处布设了170枚水雷，到1944年6月，浅水处的布雷量超过400万枚。但是隆美尔的布雷计划是5000多万枚，向沿海地带配置更多火炮，并使所有炮兵拥有防空掩体，这无疑是一项庞大的工作。1943年冬季，德国海军派出了最后的预备队，即两个210毫米炮连和两个150毫米炮连，结果一个炮连被部署在不需要炮兵的加莱地区，另一个炮连被部署在科坦丁半岛。

隆美尔不担心盟军在纵深地区机降登陆，只是担心盟军机降部队通过沿海地区，打通与滩头登陆部队的联系。为了防止盟军机降登陆，隆美尔在沿海地区的开阔地带竖立了很多木桩。

隆美尔很晚才来到西线巡察防御情况，加上陆海空三军不听他的意见，结果在第七集团军防区（即盟军登陆地区）的新防御计划又耽误了几周的时间。盟军登陆前，第八十四军的工事修建计划才完成了一半，远远没有达到隆美尔的要求。在科坦丁半岛的东部沿海地区，海滩支撑点和抵抗枢纽部之间还有六七百米的空白地带；在奥登河和维尔河地区的空白地带则为八九百米。在第三五二步兵师的防区，只有50%的掩体可以防空。

面对各方面的不配合，隆美尔非常生气，甚至有些心灰意冷。就算这样，这些滩头防御工事在反登陆战中仍然起了不小的作用，第一天就挡住了夺取纵深登陆场的美军。如果早3个月构筑滩头防御工事，德军的防御力量与现在将会是天壤之别，可惜德军的高级将领们无人相信隆美尔的滩头防御计划，执行起来自然就大打折扣了。

隆美尔反对空袭伦敦，主张空袭集结在英国南部的盟军，但被统帅部否决了。德国空军对英国的29次空袭中只有少数几次空袭了英国南部沿海的港口。隆美尔提出的对英国南部沿海空投水压水雷及发射V-I火箭的建议，都被希特勒否决了。V-I火箭的发射装置已经作好发射准备，希特勒却要求等到保持一定的火力密度后再发射。

1月21日10时30分，艾森豪威尔主持召开出任盟军总司令以来的第一次会议。艾森豪威尔坐在主席位置上，与他坐在一起的是他的副手特德爵士和总参谋长史密斯，坐在他们对面的是英美盟军的高级将领。

艾森豪威尔全权代表蒙哥马利将军简单明了地指出了"霸王"行动计划纲要的3个根本缺点：进攻正面窄，突击力量弱，指挥安排不妥。他建议扩大进攻欧洲大陆开始的登陆区域，扩大进攻正面，从原计划的40多公里扩大到80多公里，即从科坦丁半岛东南到奥登河口东侧，把维尔河以北的海滩也扩充为攻击正面。由于进攻正面宽度扩大了，相应的突击兵力也要增加，80公里的宽正面需要两个集团军群并肩进攻，即英国的第二十一集团军群在左翼以3个师进攻，美国的第一集团军群在右翼以2个师进攻，同时由2个空降师空降到进攻正面的内陆，支援正面攻击。

本来没有名字的诺曼底海滩在修改登陆计划过程中分别按进攻部队的国别附以相应的代号，从西向东有5个师登陆，把海滩分为5个，分别是："犹他"（Utah）、"奥马哈"（Omaha）、"哥尔德"（Gold）、"朱诺"（Juno）和"索德"（Sword）。"犹他"和"奥马哈"由于美军在这两个海滩登陆，便以美国的两个地名冠之；英、加部队登陆的 3 个海滩，则由英国人按 3 个有特定含义的名称称呼："哥尔德"的英文含义为金，所以这个海滩又称"金海滩"；"朱诺"为古罗马主神朱庇特妻子的英文名字；"索德"的英文字义是"剑"，所以又称"剑海滩"。

原计划建议所有登陆部队均由一个军司令部或特遣部队司令部领导。对此，蒙哥马利提出一个更强有力更简单的指挥机构。蒙哥马利要求美军全部在诺曼底海滩的右面登陆，之所以如此是因为美国军队都集结在英国的西部，转换到诺曼底海滩的右边方便一些。另外，直接从美国运来的后续部队和物资要在位于诺曼底右边的瑟堡（估计能在进攻初期攻占）卸载。由于对盟军各部队的职责和登陆地点作了明确划分，保证各支部队能控制自己的滩头区域，进而能使后续部队和增援部队的运动比较容易。

最后，新的指挥系统管辖范围自然要扩大，将 3 个空降师纳入进来。这意味着在蒙哥马利与各集团军司令部及军、师之间有了正常的指挥系统。正如蒙哥马利所说，整个登陆"军事行动变得干净利落了"。

蒙哥马利陈述完修改意见后，停顿了一下，看了看会场的反应，见大家在专注地听，便又开始进一步阐明他的登陆战略问题。蒙哥马利对这一行动的初步设想是：由美军占领瑟堡，然后向当瓦尔港和布雷斯特挺进。与此同时，英国和加拿大对付来自东方和东南方的德军主力。蒙哥马利的这一战略思想后来发展成英、加部队登陆后争取尽快攻占重镇卡昂及其以南以东直到法莱斯之间的地区，并在此地区为盟军修建飞机场，为英、加部队提供足够的补给和机动地域。然而，他并不想在这个地域尽快取得突破，而是将突破的重任交给了右翼的美军。美军登陆后以此为支点向西和西南突击，蒙哥马利则直接指挥部队吸引德军反击的主力，切断德军与美军部队的接触，牵制并尽可能多地消灭德军。

盟军海军司令拉姆齐接着发言。他在发言中先讲到完全支持对"霸王"行动计划纲要的修改，赞成蒙哥马利的建议。同时，拉姆齐也直率地提出，他还不能确信原计划纲要所需的军舰和登陆舰艇的数量能够得到满足，修改后的计划中突击登陆所需要的舰艇数就更难说了。另外，他对那种名叫"桑树"的两座大型人工港能否顺利修建成功表示忧虑。他认为要在10日内把它们修建起来的想法简直是异想天开。这关系到要把100多万吨重的建筑材料拖过英吉利海峡，他提醒大家注意，其中一些大的构件每个就有六七千吨重。于是，拉姆齐向盟军最高统帅部建议，把"霸王"计划发起日从原定的5月1日推迟到生产出足够的登陆艇后再进行，如考虑到登陆时的月光因素，最好的登陆时间是6月初。这次会议所提出的修改意见或建议后来都被一一采纳，成为"霸王"计划的核心内容。

◎ 一切只为诺曼底登陆

经过修改的"霸王"作战计划于 1 月 23 日被提交到盟军参谋长联席会议。参谋长联席会议同意了这一计划。为了更好地实施"霸王"计划，决定推迟原来在法国南部登陆的"铁砧"作战计划，以保证诺曼底主要作战方向。

盟军海军司令拉姆齐，这位曾经成功地组织了敦刻尔克大撤退的英国海军上将，在"霸王"行动中负责把盟军部队送往登陆海滩。他的任务是在最高司令部指挥下，"对全部海军兵力（远程掩护兵力除外）实施指挥和控制"，同时"在法国海岸附近的登陆地域内实施直接指挥"。其实，他早在 1943 年 10 月便开始率领他的参谋机构制订"霸王"行动的海上部分，即"海王"行动计划。

盟军最高统帅部给海军下达的任务是：保证登陆部队安全而准时到达预定的登陆海滩，并掩护他们上陆。随后，对岸上部队进行支援和供应，并迅速运送后续部队登陆。

为了完成上述任务，需要集结历史上最大的一支海军舰队。这支舰队包括 2468 艘登陆舰艇，1656 艘驳船、拖网渔船和渡船，423 艘辅助舰艇，另外还要有 12600 艘商船用于保障第二梯队。为了将运载 10 万名士兵的 7000 艘舰船安全护送渡过英吉利海峡，并按照所需顺序准时到达指定地点，需要有大量的战列舰、浅水重炮舰、巡洋舰和驱逐舰在登陆过程中支援登陆作战；要有护卫舰、护航驱逐舰和轻型护卫舰为横渡海峡的登陆输送队护航；还要有近海巡逻艇防止德国海军神出鬼没的潜艇、秘密武器和低空飞机的攻击。拉姆齐认为，至少要有 702 艘作战舰艇。在这些惊人的数字中，还不包括扫雷舰艇，而扫雷任务又恰恰是十分繁重的。据初步计算，大约需要 255 艘舰艇和设标船。

为了让如此庞大的舰队能够在复杂的作战中有条不紊地完成各自的任务，拉姆齐主持制订的"海王"计划中建立了一个简明高效的指挥系统。海滩勤务组织包括两个机构：（1）海滩海军主管军官，在其负责的海滩上作为海军最高行政长官，直接向其登陆突击编队司令负责；（2）渡船高级指挥军官，密切配合海滩勤务总主任和海滩勤务大队队长的工作，对其海滩附近的所有渡船进行控制。

为了保证突击登陆后向岸上增兵的速度和数量，拉姆齐专门成立了"后勤部队控制组"，简称"布考"；"周转控制组"，简称"特考"。这是两个跨军种的组织，分别负责解决陆军和现有舰船之间出现的问题，组织英国南部港口与登陆海滩之间船只的调动，并督促卸空的船只尽快返航重新装载。另外，还成立了"联合修理组"，简称"考里普"；"拖船控制组"，简称"考塔格"，分别负责协调损伤舰船的修理工作和用最经济的办法使用拖船。如此周密的作战计划，为保证此次登陆作战的成功奠定了坚实的基础。

1月24日，英国首相兼国防大臣丘吉尔召开了一次军事会议。会议主题为解决"桑树"人工港计划遇到的困难。会议决定按照计划在每个师的进攻区域，设置一道防波堤，即"醋栗"计划。这意味着现在一共要有5道防波堤，其中两个将在必要的时候并入"桑树"计划。会议决定坦南特海军上将负责"桑树"计划的作战方面的问题。根据他的建议，由所有的防波堤一律用沉船组成，这就意味着使用更多的船只。这些船只依靠它们本身的动力行驶，能够很快地到达现场，沉没在适当的地点。所有沉船可以在四五天内布置完毕。为完成"桑树"人工港所需的"不死鸟"混凝土潜水箱，要分批拖运过海峡，但是这至少需要14天。拖轮非常短缺，于是丘吉尔下令进行调查。海军部需要长达8000码的沉船。

1月28日，丘吉尔就"霸王"计划中运送空降部队的问题致信内阁秘书处军事负责人伊斯梅将军并转参谋长委员会。丘吉尔在信中是这样说的：

我很不满意根据现行计划作出的关于为"霸王"战役运送空降部队的规定。当下可以派出4个空降师，但是飞机的数量只够运送其中一个师。不是因为生产不足，而是因为规定一切事务准备就绪的期限为3月15日。3月15日至5月15日将生产110架"斯特林"式和"阿尔比马尔"式飞机，其中"斯特林"式为70架，"阿尔比马尔"式为40架。这些飞机应当可用于作战。另外，我曾提醒你检查一下空军海防总队有多少飞机可供使用。我觉得，有一点是非常明确的，那就是如果作出巨大的努力，我们就能保证艾森豪威尔将军获得数量更为充足的飞机。

应当问清楚艾森豪威尔将军，在"霸王"计划开始实施时，他最多需要多少投入战斗的空降部队。另外，我希望你能够给我一份书面报告，说明按照当前的计划，我们能提供多少飞机。下个星期，我会主持一次会议，研究一下形势，同时商讨一下我们如何才能满足艾森豪威尔将军的要求。

1月31日，丘吉尔致信第二十一集团军群总司令蒙哥马利将军：

关于你谈到的防水设备材料的问题，我们正在全力组织生产，保证所需数量。当然，不是所有车辆都需要安装防水设备，20万辆车100个品种，每个品种又是一个单独的项目。这些车辆中很大一部分要到登陆开始三四个月后才能运到，我们希望到那时部队可以不用涉水上岸了。当前阶段，一种需要往往只能在牺牲另一种需要的情况下得到满足，所以在为"霸王"作战进行各项准备工作时，必须善于选择，精益求精。我相信你一定会记住这些的。

我最关心的是，如果有条件你需要有足以空运两个师的运输飞机来供你的空降部队使用，如果可以确定一个固定不变的日期，那是最好不过了。空军部和飞机生产部已规定了完成目标的日期，比如，3月15日是供应某种飞机（如"阿尔比马尔"式飞机）的日期，到时候将有180架可以交付使用。如果在上述任务不受影响的条件下，接受再迟两个月的期限，那么仅这一批飞机就将达到270架，而不是180架。

毫无疑问，在其他必需物资方面也能获得类似的发展。我完全了解关于训练问题的各种主张，不过需要训练的是驾驶员而不是飞机。如果想得到高度熟练的驾驶员（可从海军航空兵部队中调用），可以使用现有的库存飞机进行训练。这样一来，截至发动进攻的时刻，其余的空军人员可以使用不断生产出来的飞机进行训练。我们见面时，请将这方面情况告知我。

◎ 美军大建海军基地

2月9日，英国政府停止了英国与爱尔兰之间的联系，对所有可能泄露情报的渠道严加防范。盟军统帅部要求各级指挥官严格保管文件，对印有登陆时间和地点的文件都要按最高保密等级处理，如有违反，严惩不贷。保密规定一级级传达下来，每个人都很紧张。

爱尔兰是英国的邻邦，因为战时保持中立，所以德国和日本的大使馆可以在其首都都柏林立足。在这里可以方便地监视英国和向英国渗透派遣特务，轴心国外交使团大部分为军事人员和情报人员，其规模庞大，希特勒对在那里获得的情报非常重视。英国反谍报当局早就注意到德国人在爱尔兰的情报活动，和以爱尔兰为基地向英国派遣特务进行渗透的举动，便要求政府于1944年2月9日宣布停止英国与爱尔兰之间的一切民间旅行。德国向爱尔兰派间谍的活动仍未停止，有两名间谍带着无线电发报机在爱尔兰着陆，没等到达德国使馆便被逮捕。此事发生后，英美两国政府于2月21日向爱尔兰总统德·瓦莱拉发出照会，要求爱尔兰立即关闭德、日驻爱尔兰大使馆，没收其无线电设备，断绝同德国、日本的一切关系。

为了保证盟军在诺曼底登陆成功并向内陆纵深推进，截至1944年2月底美国在英国开辟了很多海军基地。

1. 两栖训练中心

罗斯尼斯基地：1943年8月20日作为两栖训练中心重新使用，同时也是接收站，还有消防、炮火支援学校和4个敌港管理组。到1944年2月14日共有官兵6329名。

普利茅斯基地：位于德文郡，建于1943年11月3日。从1944年1月3日开始成为霍尔的舰上司令部和威尔克斯的登陆舰艇与基地勤务，欧洲司令部的所在地。有维修军舰艇的设备和人员，也是一个主要的上船港，共有军官90名，士兵1495名。

法耳默思基地：位于康沃尔半岛，建于1943年9月。10月28日，第一艘坦克登陆舰（30号坦克登陆舰）从美国到达该处，从甲板上带来了一艘坦克登陆艇。

达特默思基地：位于德文郡，建于1943年11月，是一个两栖前进基地，也是第十一两栖部队训练中心所在地。该基地的主要任务是修理和保养登陆舰艇。人员增达2000多名，一度有4000名水兵在达特默思搭帐篷宿营。

萨尔库姆基地：位于德文郡，建于1943年10月，是两栖训练中心，特别是训练步兵登陆艇的中心，也是坦克登陆艇的维修基地。

阿普尔多尔和因斯托基地：位于北德文郡，建于1943年7月29日。训练登陆舰艇人员，协助陆军训练士兵们使其习惯于船上作业。到1943年11

月，有 60 名军官和 700 名士兵。

米耳福德港和佩纳思基地：位于南威尔士，建于 1943 年 11 月，是两栖训练中心和维修基地，负责训练各型舰上水兵，负责紧急修理事宜。

延默思基地：位于德文郡，建于 1943 年 11 月，负责训练和修理机械化登陆艇，于 1944 年 4 月迁到韦默思。

2. 两栖训练小型前进基地

圣莫斯基地：位于康沃尔半岛，建于 1943 年 9 月 7 日，用以集结、维修和管理一个登陆艇支队，对艇员进行高级的训练。1944 年 2 月，共有军官 70 名，士兵 596 名。

福韦基地：位于康沃尔半岛，建于 1943 年 10 月 25 日，主要用于训练小艇人员。1944 年 3 月，开办了一所医务训练学校，主要训练坦克登陆舰的医务人员。到 "D 日" 前，共培训了 150 名军医和 2850 名医务人员。第六敌港管理组的 130 名军官和 1005 名士兵也是在这里接受训练的。

考尔斯托克和萨尔塔施基地：位于康沃尔半岛，是两个维修小艇和扫雷舰艇的小型修理基地。

3. 补给仓库和修理基地

埃克塞特基地：位于德文郡，建于 1943 年 10 月，是美国海军大型两栖补给基地，到 "D 日"，已有军官 200 名，士兵 2600 名。

朗斯顿基地：位于康沃尔半岛，建于 1943 年 9 月 6 日，是备用零件补给仓库，备有坦克登陆舰、辅助摩托扫雷艇、扫雷舰、木壳猎潜艇和钢壳猎潜艇的全部主机零件和所有两栖舰艇上的器材。

蒂弗顿基地：位于德文郡，1943 年 9 月建立，是海军帆缆器材和备用零件的小型仓库。

布格尔基地：位于康沃尔半岛，1944年2月在废弃的采石场上建立，是海军弹药仓库。

赫奇思德和勒格歇尔基地：位于威尔特郡，1943年10月建立，是柴油机翻修基地，与美国陆军共用。

4.各种辅助基地

内特利基地：位于汉普郡，1944年4月1日建立，是美国第十二海军医院基地，位于皇家维多利亚医院内。1944年6、7、8月有500多名伤病员，其中54%是在战斗中负伤的，除美国陆军、海军、海岸警卫队和商船上的伤员外，也有英国、加拿大和法国的伤员。

德普特福德基地：位于伦敦稍东的泰晤士河南岸，1944年2月建立，是两栖前进维修基地，主要维修从地中海前来参加"海王"作战、供英国第二梯队使用的那些坦克登陆舰和其他登陆舰艇。截至5月1日，有25名军官和2425名士兵。虽然它靠近伦敦，经常遭到敌人的轰炸，但是在6月1日，它还汇报说配属给"L"编队（英军登陆地段的第二梯队）的38艘美国坦克登陆舰可以百分之百作战。从6月13日开始，它成了德国V-1火箭的主要攻击目标。7月8日，靠在一起的312号和384号两艘坦克登陆舰被火箭直接命中，遭到严重毁坏，14人被炸死，11人受重伤。

威尔克斯负责所有登陆舰艇的战备和训练工作，并负责召集部队参加霍尔组织的多次演练。威尔克斯有大量的事情要做。例如，1944年4月需要对登陆舰艇进行广泛的改装：安装新式无线电设备，改装艇艏门和安装供两舷装载用的舷墙门，等等，以及给每艘坦克登陆舰增加大量高炮。

1944年3月，德国V型火箭工程师冯·布劳恩被秘密警察以叛国罪逮捕，原因是他没有把火箭发展为武器，竟然用国家的钱做理论实验，目的是宇宙旅行。由于多方营救和罪名不成立，布劳恩最终被无罪释放。

冯·布劳恩，全名韦纳·冯·布劳恩，1912年3月23日生于德国维尔西茨的一个贵族家庭，后搬到柏林居住。布劳恩的母亲是天文学爱好者，她送给布劳恩一架天文望远镜，经常教他天文知识。13岁那年，布劳恩在柏林豪华使馆区进行自制火箭实验，被警察逮捕。因忙于试验火箭，他的数学和物理课考试没有及格。一天，布劳恩看到一本《通向星际空间之路》，决心为人类征服宇宙空间而献身，从此开始刻苦学习，最终考入夏洛滕堡工学院，又转入柏林大学。1934年，布劳恩获得物理学博士学位，毕业论文为《论述液体推进剂火箭发动机理论及实验》，被评为特优，该论文对航天事业的发展意义重大。

布劳恩的第一份工作是研制V-2型火箭，工程浩大。1939年，希特勒来到发射试验台参观，布劳恩耐心地为希特勒讲解火箭的基本构造。这位一向自信满满的元首如听天书，只有在讲到军事用途时，才产生了兴趣。1944年3月，布劳恩被德国秘密警察以叛国罪逮捕，原因是他没有把火箭发展成武器，竟用国家的钱做理论实验，目的是宇宙旅行。由于多方营救，加上罪名不成立，布劳恩被无罪释放。与此同时，美国获知了布劳恩的情况，深知他的价值，并将其列入战后搜罗的科学家名单中。布劳恩获释后来到美国，与人合作出版科幻小说《火星计划》，提出人造卫星、宇宙空间站和月球飞船等设想。1955年，布劳恩取得了美国国籍，继续在美国从事火箭、导弹和航天研究，获得了一系列勋章、奖章和荣誉头衔。

1958年1月31日，布劳恩领导研制的火箭发射了美国第一颗卫星"探险者1号"。为了把人类运上月球，他主持研制"土星5号"运载火箭，整个系统及地面辅助设备零件达900万个。运载火箭经过四次点火，将宇宙飞船送到月球，再回到地球回收。"土星5号"不仅把"阿波罗11号"送到月球，还用于阿波罗6号、7号、9号至17号的运送工作，每次都堪称完美。20世纪70年代，布劳恩开始航天飞机的研制工作。 1977年6月16日，65岁的布劳恩因病在华盛顿亚历山大医院逝世。布劳恩逝世4年后的1981年4月，世界上第一架航天飞机在美国试飞成功，这架航天飞机发端于布劳恩，因此他被誉为"现代航天之父"。

◎ 就这样坚定地入套

1944 年 3 月，英国开始实施福蒂图德计划。福蒂图德计划是为了诱使希特勒及其最高统帅部相信：盟军的登陆地点为加莱，盟军针对诺曼底的活动只是声东击西的障眼法。其实早在 1944 年年初，英国就决定了通过切尔尼亚乌斯基实施福蒂图德计划。

切尔尼亚乌斯基就职于纳粹德国控制下的波兰军队参谋部。二战爆发时，切尔尼亚乌斯基在法国某军事院校深造，于是在法国参加了反抗德军入侵的战争。1940 年，在阿尔萨斯，切尔尼亚乌斯基被德军逮捕。不久，他侥幸逃跑了。切尔尼亚乌斯基认为与其渡海到英国避难，不如留下来为英国提供军事情报。他知道哪些情报对英国有用，于是便联系了一些反法西斯人士，成立了以法国志愿军为主的情报网，用发报机向伦敦提供情报。1941 年 11 月，切尔尼亚乌斯基和 64 个同事被德国秘密警察逮捕，被关进法国的弗雷斯纳监狱。德国驻法国间谍机构的头目雷尔非常欣赏切尔尼亚乌斯基的才能。雷尔以切尔尼亚乌斯基的 64 个同事为人质，逼他为德国工作。切尔尼亚乌斯基被迫同意，雷尔交给他的任务是掌握英美盟军的情况。不久，在雷尔的安排下，切尔尼亚乌斯基来到马德里。他找到英国驻西班牙大使馆，对大使说："我是同盟国间谍阿尔曼，刚逃出来。请帮我回到英国。"

不久，切尔尼亚乌斯基乘坐一架飞机来到伦敦，向英国军情局交代了一切，并获得了军情局的信任。另外，他还跟波兰流亡政府的官员们见了面，并向其提供了自己的行动方案：先给德国人提供真实的情报以取得他们的信任，再寻找机会以假情报诱骗德国人上当。他的方案引起了流亡政府领导人西考尔斯基的兴趣，但是这样的行动必须得到英国的帮助。次日，切尔尼亚乌斯基参加了丘吉尔创办的秘密组织"双面游戏"，从此他以波兰参谋部官员的身份进行间谍工作。从 1 月开始，切尔尼亚乌斯基在伦敦郊区向德国报告英美盟军的布防情况，收报人自然是雷尔。英国还秘密为切尔尼亚乌斯基配备了一个发报员，他发送的情报都是真的，但没有战略价值。德国间谍机构如获至宝，越来越信任切尔尼亚乌斯基。

此时，诺曼底登陆即将开始，尽管英美盟军组织了历史上规模最大的舰队，但一次还是只能运送 15 万人。盟军总司令艾森豪威尔认为，德国在法国的部队和坦克数量远远超过盟军登陆部队。若登陆那天德军将主力集中于诺曼底，那么给盟军带来的将是灭顶之灾。因此，必须诱使德国相信诺曼底登陆的行动是佯攻，真正的地点是加莱。于是，切尔尼亚乌斯基及时发报给雷尔：法国加莱海峡对面的英国东南部有 100 万盟军，而在其他地方的登陆只是虚张声势。

1944 年 6 月 6 日，盟军在法国诺曼底登陆

　　在英国的默契配合下，切尔尼亚乌斯基的电报终于起了作用。英国给一支根本不存在的部队起番号为"美军第一大队"，它由加拿大第一军和美国第三军组成，共 100 万人，指挥官为巴顿将军。切尔尼亚乌斯基向雷尔发报：我刚升任波兰驻美军第一大队的军事联络官，处于获取美军绝密情报的最好位置。从此，切尔尼亚乌斯基向德军提供了大量的"情报"。根据这些情况，一支庞大的"美军第一大队"在德国最高统帅部的沙盘上显露出来。

　　倘若德国人发现一点儿破绽，福蒂图德计划就会彻底失败，并且作为人质的切尔尼亚乌斯基的 64 个同事也将被处决。英国人为此想尽了一切办法，他们派出一些无线电发报车不停地在加莱对岸活动，播发了几十万份电报。电报从"美军第一大队"的高级指挥部到各个军团长，甚至发到营长一级。电报的内容十分繁杂，包括对军需供应的抱怨、调解纠纷等，一支庞大的部队有可能发生的事情，电报里都谈到了。德国情报部门窃听了这些电报，他们认为加莱海峡的英国那边肯定酝酿着大规模的军事行动。德国人质询分布在英国的其他间谍，想核实一下情报是否准确。反馈回来的消息都证实了加莱海峡那边有很多美军部队在活动。令希特勒没有想到的是，在英国的德国间谍都被英国人控制了。

盟军频繁出动大批飞机深入加莱后方轰炸战略目标，使德国更加相信：盟军的确要在加莱登陆。为了瞒过德军的空中侦察，英国政府派人用木材和充气橡胶做了大量坦克、卡车和飞机模型。德国侦察机驾驶员拍摄的航空照片通过了德国情报分析人员的检验。所有的证据都证明切尔尼亚乌斯基的情报是真实的。德军统帅部不敢大意，准备全力以赴迎接由巴顿统帅的"美军第一大队"在加莱的登陆战。德军参谋部长乔德尔将军在一份报告中特别提到：幸亏切尔尼亚乌斯基，是他使我们识破了盟军的阴谋。

3月4日，希特勒在德军最高统帅部召开的重要作战会议上，以自己的"预感"为由，指出盟军的进攻主要威胁着诺曼底和布列塔尼。电传打字机把这一信息发送给西线的龙德斯泰特和隆美尔。西线总司令龙德斯泰特是一个正统的军人，只相信他的军事逻辑推论出来的加莱，根本没把希特勒"预感"出来的诺曼底放在眼里。西线 B 集团军群总司令隆美尔对希特勒的"预感"也根本不感兴趣，但对希特勒让他"立即检查诺曼底的防御工事"，不得不执行，总觉得这是一次"傻瓜似的远行"，不是很积极，出于对希特勒的敬仰和忠心，他还是去了诺曼底，认真检查了防御问题。

3月17日，丘吉尔宣布：即日起，英国将阻止爱尔兰的所有舰艇和飞机离开爱尔兰前往外国，切断英国和爱尔兰之间的电话、电报线路，中断与爱尔兰的海空航线，封锁爱尔兰各港口，实施经济制裁。此举实施后，德、日外交官只能待在大使馆中，不能离开爱尔兰，也不能与本国和外界进行联络。德国用来监视美、英动向的"窗口"被完全封闭了。

3月中旬，美国陆军芝加哥邮件分拣中心有一件从英国寄来的邮包被打开，在场的4个人看到了邮件内容，邮件上送的过程中，有10个人接触到邮件，看到了包中的文件。文件属高度机密，涉及"霸王"行动发动的时间和地点。此事引起保卫当局的高度重视，他们立刻进行调查。原来寄件人是伦敦盟军统帅部的一个上士，德裔美国人，此人工作过度紧张，又想念他生病的姐姐，工作中鬼使神差，把本该发往进攻部队的邮件写上了他姐姐的地址，误送到了美国。姐姐一家都是忠实的美国公民，家庭历史清白，与纳粹组织没有丝毫瓜葛。这件事纯属偶然，上士本人也没有受到任何处分。然而，看过文件的人却倒了霉，不仅每人受到严格审查，而且一言一行都要受到监视，被告知不得随意离开住所，一直到"D日"后，才能重获自由。

与此同时，在伦敦还发生了一起丢失公文包的事件。盟军最高统帅部通信署长官的副手在乘火车回家的路上，把装有"霸王"作战所有通信方案的公文包弄丢了。事情严重，赶紧向长官报告，但他又说不清是在何时、何地、怎样丢失的。通信署长认为他因醉酒丢了包，于是撤了他的职。包里有非常重要的文件，文件中记载了盟军登陆时使用的全部通信网和通信密码，如这些文件落入敌人手里，"霸王"行动将前功尽弃，多年的心血将付之东流。正当署长为寻找公文包万分焦急时，伦敦警察局失物招领处来了一个电话，告诉他捡到一个印有"绝密"字样、印着通信署地址的公文包。原来这位副手乘出租车去滑铁卢火车站时，把公文包落在车上，被出租车司机送到失物招领处了。

盟军官兵和英国民众被统管起来后，德国情报部门又盯上了另一个目标：各国外交官。外交官的任务是发展与所驻国的友好关系，也肩负搜集所驻国的情报并报告给本国政府的职责。德国虽然在英国没有外交官，但他们有很多特务渗透到各中立国家进行活动，这些中立国在英国设有外交使团。要保证"霸王"行动不败露，蒙加又提出了要求：政府应取消外交官的某些特权。

英国外交部起初对蒙加的这个建议不屑一顾，认为太荒唐了，甚至连丘吉尔也觉得这个要求不能接受。后来，经艾森豪威尔通过外交途径，两次请求英国政府采取严格保密措施。英国政府终于在4月17日宣布，采取前所未有的措施：暂时取消外交邮袋特权，用密语通信不予受理、投递，外国驻伦敦外交人员及其家属6月底前不得离开英国，对各国大使馆实行警戒，防止外国间谍藏匿于使馆。措施实施后，外交使团的抗议声、指责声不断，丘吉尔只能再次重申：除了美、苏两国的外交官外，其他各国无一例外。即便是苏联，虽然理论上和美国同等地位，但实际上是有折扣的。

第四章

难以定夺的 D 日

当盟军登陆作战的准备工作即将结束，盟军最高统帅和参谋部已经转移到朴次茅斯时，对于艾森豪威尔将军来说，最棘手的问题莫过于最后确定登陆日期（"D 日"）和时间（"H 时"）了。围绕登陆日期"D 日"和时间"H 时"，盟军海陆空三军展开了长期的激烈的争论。

◎ 埋下失败的种子

苏联人渴望了解盟军"霸王"行动的详细内容，以便苏联红军能在东部战场采取同步行动。英美盟军欲告知详细计划，又担心泄密；不告具体日期，又无法采取同步行动。思来想去，达成这样一个方案："D 日"决定在 6 月 1 日前后，具体则视天气情况而定，登陆地点却只字未提。苏联方面想得到盟军西欧作战地图，英国政府以伦敦与莫斯科相距遥远而婉然拒绝。

3 月 20 日，希特勒主持召开军事会议。参加会议的有陆海空三军首脑及德国驻法国的主要将领。会议主题是讨论西线反登陆作战问题。希特勒认为，英美肯定会在西线登陆。在绵长的大西洋防线上，除了靠近暗礁的部分地区外，其他任何地区都有登陆的可能，两个地区最有可能，它们所受的威胁最大，那就是瑟堡半岛和布勒斯特半岛。这两个半岛均有很好的登陆条件，盟军很容易建立起登陆场。

希特勒认为盟军的主要目标是先夺取一个港口，以便大量兵力登陆，否则盟军的登陆作战仅能维持几个小时，最多维持几天，以往这方面的例子实在是太多了。隆美尔反对这种看法，他认为以盟国空军的强大优势，即使没有港口照样可以长期坚守滩头阵地。隆美尔还说："我们应该认识到空军与陆军的协同作战不仅在战斗中起决定性作用，而且可以决定战争的胜负。"

3月30日，盟军轰炸机集中打击了德军的铁路、公路、桥梁。盟军的一系列轰炸最初是由英国空军上将特德提出来的。在打击目标方面，英美军事将领出现了分歧。特德主张重点轰炸运输线，而美国战略空军司令斯巴兹则主张轰炸综合石油工厂。艾森豪威尔最终采纳了特德的意见。到盟军登陆日前，共投下了66000吨炸弹，德军的铁路运输量下降了50%，巴黎和海岸间的24座桥梁中的18座被毁、3座停用。另外，盟军飞机对德军海防工事、雷达站和飞机场也发动了攻击。

德军修建防御工事

4月1日，英国政府规定将从英格兰东部的沃什湾到西康沃尔半岛的顶端，从苏格兰东部的阿布罗思到福恩湾口的邓巴之间，纵深16公里的沿海岸地区列为军事禁区。外地来访者一律不准进入，当地的居民也不能随便出来。这样，间谍以游客身份混入南部的途径被政府的这两条禁令封死了。另一个途径是经记者之口走漏消息。新闻记者笔下不经意的新闻资料，可成为敌人判断重大军事行动的线索。

艾森豪威尔深知其中之道，所以一到任就提出实施新闻检查，并给记者分类，受盟军信任的记者享有优惠待遇，其余则受种种限制。不管是谁，每篇稿件、每份电报和电传都要经审查同意后才能发出。艾森豪威尔为不让记者的活动出轨，首先封住了自己部下的嘴巴，严禁这些人随意向外人或新闻记者发表讲话。违者将受到最严厉的纪律处分。

4月2日，盟军海军司令拉姆齐向一些机构颁发了诺曼底登陆作战计划的临时性副本。考虑到计划的复杂性，计划内容全部按时间顺序编排，而并非针对每一个编队安排。登陆作战计划共有1000多页，这在美国参谋中间引起了广泛非议。英国高层习惯制订详细的计划，美国高层习惯制订概括性的计划，而鼓励部下制订详细的计划。然而，登陆作战非比寻常，美国参谋想用一个时间表把几千艘舰船每时每刻的运动概括起来，并且使人们知道每艘舰船都在干什么，几乎是不可能的。美国参谋们只好接受英国人的详细计划。

4月6日，德军高级军事会议在希特勒的伯格霍夫别墅的掩蔽室里召开。希特勒敲着地图上的诺曼底海岸，对在座的将领们说："我赞成把我们所有的力量都调到这儿来，特别是那些没有必要派到其他地方的部队。"德军第十六装甲师刚从苏联的围困、打击下解脱出来时，希特勒即令这支精锐的帝国师开赴诺曼底。

4月10日，德军西线B集团军群总司令隆美尔向最高统帅部作战局局长约德尔提交了一份报告，向其游说他的防御战略，以求得到最高统帅部和希特勒的支持。隆美尔在报告中指出：只要在战斗最初几小时内，我们能成功地投入机械化师，我相信敌军对我们海岸的进攻第一天就会一败涂地……与3月20日达成的协议相反，机械化师仍然没有置于我的控制下，这些部队远离海岸，四处分散。隆美尔在报告中直言相告：为此，我跟施韦彭布格发生过争吵，如果不及时把他的部队置于我的统辖之下，我的策略就行不通。

报告的最后，隆美尔含蓄地提出这个问题要尽快解决，否则"在允许我通过正常渠道提出要求把装甲师归我指挥并调往前线之前，如果我还得等待，势必造成当敌人的进攻真正开始时，部队才能迟迟到达的态势，那时将为时晚矣。"

隆美尔还想努力试图说服装甲兵总监古德里安和装甲集群司令施韦彭布格。在面对面的争论中，针对他们要把装甲师后置的理由，说："你们如果把装甲师留在后面，那他们就无法开往前线。一旦进攻开始，敌空军会阻止任何部队朝前运动。"即使夜间也不例外，"因敌人的照明弹会把黑夜照得如同白昼。"

这种争论长达一个多月，希特勒最终拒绝接受古德里安袒护施韦彭布格的劝告，也没全力支持隆美尔所要求的对装甲部队的指挥权，而是搞出了一个折中方案：仅将3个装甲师调拨给隆美尔指挥。这3个装甲师是精锐的第二装甲师、重新组建的第二十一装甲师和第一一六装甲师。其余的4

个装甲师作为最高统帅部的预备队留在远离海岸的内陆，没有希特勒的命令，谁也不许调动。

这样一来，隆美尔对装甲部队的指挥权就所剩无几了。此时，他的处境与盟军的艾森豪威尔有些相似：两人年龄相仿，都有现代战争经验，都认识到在现代战争中统一指挥权的重要性。为争空军指挥权，艾森豪威尔拿出最后一招，"让首相另找一个人来指挥这场该死的战争，我不干了！"艾森豪威尔如此说，英国人只得交出战略空军的指挥权。隆美尔看到德国空军对战争已无能为力，他敏锐意识到装甲兵对反登陆作战的胜利具有至关重要的意见，主动提出要装甲兵的指挥权，但是他没有艾森豪威尔幸运，刚开始就埋下了失败的种子。

为了对抗盟军登陆作战，希特勒动用了空军和海军。德军的空军第三航空队奉命负责西线作战。第三航空队司令是施佩勒空军元帅，他指挥4个航空兵师和相当数量的高射炮兵部队，共20多万空军地面部队和机场地勤人员。然而，飞机的数量太少，不得不放弃靠近沿海地区的机场，迁往法国内地机场。它的司令部设在巴黎，而飞机却在西部。从1944年1月21日至5月29日，1个多月时间里，德国空军对英国发动了29次空袭，对伦敦的空袭就达14次，平均每次出动200架飞机。德国空军在5月底和6月初曾对英国波特兰港口内的船只实施了轰炸。6月初，又对布里克斯汉进行了一次轰炸，由于轰炸兵力有限，效果不佳，战果微小，而且飞机损失很大。到了5月底，轰炸部队的飞机减至181架，其中只有107架飞机可以参战。

德军还沿英吉利海峡正面布设了由触角水雷和触线水雷组成的水雷幕。幸而这些水雷都装有"自毁器"，恰好在6月份前自行沉没，因为德国人认为到 6 月份后，不会再有登陆的危险。后来还是有一些零散的水雷使英美盟军的舰艇受损。更大的威胁是布于海底的十分秘密的水压水雷，也叫"蛇雷"。只要驶近的舰艇使水压发生变化这种水雷就能爆炸。德国空军急切希望充分利用这种水雷。他们认为，如果在每个上船港口用飞机布雷，只要几百个水压水雷就能使入侵者遭到彻底的失败。

德国的水压水雷虽然在战争初期就研制出来了，但是海军司令部不让生产，因为怕泄露秘密，反被苏军在波罗的海用来对付德军。最终，还是希特勒干预了此事，他命令制造 4000 个水压水雷，以对付盟军的入侵。其中一半被运送到勒芒飞机场，储存在地下机库。同时，两个布雷飞机中队随时待命。飞机部署在德国境内受不到同盟国空军威胁的地方。一旦警报拉响，就开始布雷。然而，这个计划却被空军总司令戈林打乱了。5 月份，戈林担心入侵可能通过布列塔尼半岛，越过勒芒，于是下令把水雷转移到马格德堡，这样在诺曼底地区对付盟军登陆的水雷就又减少了很多。

◎ 紧张到令人窒息

4月17日，英国禁止外国的外交人员进出英国，并扩大了通信检查的范围。

4月18日，美国第九航空队司令亨利·米勒少将在伦敦克拉里奇饭店出席宴会时，喝多了，三次大声说到"霸王"行动的具体时间，声音大得连侍者都听得清清楚楚。出席宴会的美国情报官埃温特把这一情况向艾森豪威尔做了汇报。艾森豪威尔一点儿都没给这位老朋友面子，当即把他的军衔降为中校，命令其返回美国。

米勒不服，去信申辩。艾森豪威尔回信："我最痛心的事莫过于不得不对有骨气的历史清白的军官触犯军法的案件做出判决，特别是当他们是故旧亲朋的时候，更是如此……正因为你长期以来工作成绩显著，我才建议对你的案子不予更严厉的惩办，而只给予行政处分。"米勒收到艾森豪威尔的信后，没有再说什么。

4月25日，盟军总司令艾森豪威尔与美军第一集团军司令布莱德雷以喜悦的心情离开伦敦，乘车来到大托茅斯与普利茅斯之间的斯拉普敦。在这里他们将观看大规模登陆演习。登陆演习在莱姆湾外开始。到目前为止，该地还从来没有经受过战争的洗礼。美军第四师参加了这次演习，他们从海上乘船来到这些与诺曼底没什么两样的海滩上登陆，美国的工程师们在登陆海滩沿岸一带修起了模仿敌军的钢筋水泥掩体与碉堡。

4月26日7时30分，斯拉普敦登陆演习开始。美国第四师从驻地登上坦克登陆舰，舰队起锚，向斯拉普敦方向驶去。航行十几小时后，在快到达莱姆湾时，德国海军的快速鱼雷部队混了进来，并向这些登陆舰发射鱼雷。2艘坦克登陆舰被击沉，1艘受重创。被击沉的2艘坦克登陆舰上有官兵1000多人，其中503人淹死。

盟军最高统帅部接获船队遇袭的报告后，一面命令护航舰只迅速出击，一面查询是否有军官被德国人掳走。英军第二十一集团军司令兼盟军地面部队司令蒙哥马利命令立即对受重创的登陆舰的生还者进行调查。情况很快被调查清楚：503个失踪者中，包括一些知道"霸王"行动秘密的军官。失踪者的下落一是落水淹死，二是被德军掳走。失踪者如被掳走，"霸王"行动就有失密的危险。盟军最高统帅部决定委派倍兹将军负责尸体打捞工作，彻底查清失踪者的情况。

倍兹马上来到现场，指派几十艘舟艇在德军鱼雷快艇发动攻击的莱姆湾进行大规模打捞，每日变动的潮汐已经把尸体冲向外海，打捞工作非常困难。经查，失踪者中有10位军官知道"霸王"行动的秘密，困难再大，也要把这10名失踪者找出来，否则就要修改"霸王"行动计划，这样花费的代价会更大。打捞队经过艰苦的努力终于取得了不小的成果：第一天，打捞出 4 具尸体；第二天，又打捞出第 5、第 6 具尸体，后来又打捞出第 7、第 8、第 9 具尸体，但是最后一具尸体没有找到。第三天，倍兹下令全体出动，在出事海域附近四处搜寻。但到了晚上，空手而归。"霸王"行动计划看来必须修改了。

正在盟军最高统帅部愁眉不展的时候，海浪把第 10 具尸体冲上海滩，得来全不费工夫，打捞队顿时欢呼起来。20 年后，倍兹将军回忆："'D 日'前的数周，如同一场噩梦，紧张得令人后怕。但是这种紧张，获得了回报，堵住了德国人获得'霸王'行动秘密的最后机会。"

当盟军登陆作战的准备工作即将结束，盟军最高统帅和参谋部已经转移到朴次茅斯时，对于艾森豪威尔将军来说，最棘手的问题莫过于最后确定登陆日期（"D 日"）和时间（"H 时"）了。围绕登陆日期"D 日"和时间"H 时"，盟军海陆空三军展开了长期的激烈的争论。

陆军一直认为，为实现登陆的突然性和登陆后的作战，最重要的是第一登陆梯队必须在黑夜中渡过英吉利海峡，在白天发起攻势。而该地黑夜不长，6 月份 3 点钟天就发亮，4 时 30 分天就大亮了。就具体确定"H 时"而言，陆军认为要认真考虑潮汐这个特殊的因素。在诺曼底这一段海岸，平均潮差 5.4 米，最大潮差 7.5 米，海滩的坡度很小，每 30 米才升高 30 厘米，低潮时滩头纵深长达 300 多米。在这种情况下，陆军希望第一登陆梯队在快到高潮时登陆，以缩短部队通过暴露的海滩的时间，并能在"D 日"第二次高潮时使第二登陆梯队顺利登陆。与此相反，海军赞成在低潮时登陆，因为此时舰艇可以在抗登陆障碍区以外抢滩，而海军工兵爆破队可在高潮到来之前排除抗登陆障碍物。

空军只提出一个条件，登陆当夜必须有良好的月光以便空降作战。

4月底，德军从空中侦察发现，在英国南部沿海集结了能输送6个半师兵力的舰船、登陆艇和战舰。从5月24日拍摄的航空照片来看，德军在英国南部海面至少集结了输送16个师的舰艇。盟军登陆前的两周内，德军竟未出动一架侦察机飞临英国上空。在西线防御中唯一有利的形势是德国向法国增调了一些装甲师和精锐师。1944年年初，西线德军有823辆（门）坦克、突击火炮和自行反坦克火炮。到4月底，其数量达到1600辆（门）；到5月底，其数量接近2000辆（门）。

二战时期的德军侦察机

隆美尔向希特勒提出，向滩头防御地带或沿海地区再增援一些师。西线装甲集群司令施韦彭布格反对隆美尔的计划，双方出现了严重的意见分歧。隆美尔认为，这种混乱的指挥系统无法在反登陆战中奏效。施韦彭布格亲自到最高统帅部为他的意见辩解，坚持将装甲部队配置在纵深地区。希特勒采纳了施韦彭布格的观点。

希特勒没有征得隆美尔的同意就破坏了他的防御计划的核心部分。对于希特勒的最新指示，争执双方都不满意，而且该指示在军事上显然是错误的。结果，隆美尔的防御计划中最核心的一小部分总算实现了：第三五二步兵师调到维尔河至奥登河之间的西部沿海地区；第九十一空降师调到科坦丁半岛；防空军的一个团被派往贝叶地区；党卫军第九、第十一和第二装甲师进驻法国南部，由施韦彭布格指挥；希特勒给隆美尔的 B 集团军群增援了第二、第二十一和第一一六装甲师，但是训练任务仍由施韦彭布格负责；同时决定将最后 4 个师（党卫军第一装甲师、党卫军第十二装甲师、"利尔"装甲师和党卫军第十七装甲步兵师）组成战略预备队，交由施韦彭布格指挥。

希特勒把装甲部队的指挥权分散给争执的双方，这样既没有强有力的战术预备队，又没有战略预备队，甚至配属给 B 集团军群的 3 个装甲师的防区也是由希特勒决定的：第二装甲师驻扎在索姆河地区，第一一六装甲师驻扎在塞纳河下游北部地区，第二十一装甲师驻扎在奥登河地区。只有第二十一装甲师驻扎在隆美尔认为可能会遭到盟军进攻的地区。隆美尔担心沿海地区的预备队不够用，又向希特勒请求把"利尔"装甲师和第三防空军调往奥登河和维尔河之间进行机动，党卫军第十二装甲师调往维尔河两岸，并在奥登河西部地区驻扎一个机动能力强的火箭旅。隆美尔的这个建议还是没有被希特勒采纳。如果希特勒接受了隆美尔的建议，这些机动部队正好驻扎在最利于反击盟军入侵的地区。事后证明，隆美尔制订的防御计划是全面的，他对盟军将在诺曼底登陆的估计是正确的。幸运的是，希特勒没有采纳他的建议，而是把精锐部队都调往加莱地区了。

◎ 要人最多的战前会议

5月1日，为了把"D日"和"H时"确定下来，盟军最高统帅部召开会议。经过几天的争论，会议通过了一个折中方案，决定"H时"应在最低潮之后1~3小时，在日出之前12分钟到日出之后90分钟之间，即恰好在高潮与低潮中间登陆。最后决定：由于5个登陆地段的潮汐情况各不相同，于是分别规定了5个不同的"H时"，最早的"H时"（6时30分）和最晚的"H时"（7时55分）之间相差85分钟。除了满足部队对潮汐和日光的要求外，计划人员还查阅了天候年鉴，找出有利于飞行员飞行的有月光的日期，以便把"D日"安排在满月的日子。经过调查，1944年6月上旬，基本符合三军要求，唯一可利用的日子只有5、6、7日3天。

5月2日至5月6日，O、S、J、G登陆编队在英吉利海峡举行了最后演习。此次演习代号为"费边"，4个编队尽可能根据实战来演习。O编队在斯莱普顿沙滩演习，S编队在小汉普顿以西海滩演习，J编队在布雷克尔沙姆湾的海滩演习，G 编队在海林岛演习。英国海军在演习编队以南的海面负责掩护，防止德军偷袭。U 编队在一周前在斯莱普顿海滩进行了最后演习，该编队从基地驶往波特兰的路上遭到 9 艘德军 E 级艇的偷袭，两艘坦克登陆艇被击沉，损失比实际登陆时的损失还要大。美国海军作战部长金紧急从地中海调来登陆艇弥补损失。盟军海军司令拉姆齐不允许对登陆计划作任何修改，因为这种修改不加以控制，很可能造成灾难性的后果。根据最后几天得到的情报，隆美尔又向科坦丁半岛增兵了，因此盟军需要改变空降计划。

5 月 3 日，由盟军海军司令拉姆齐任总指挥的"费边"演习开始。这是一次与陆军部队集结演习同时进行的力求逼真的全体合练。演习中，除了没有横渡海峡和在诺曼底登陆外，其他尽可能逼近真实的诺曼底登陆战。霍尔指挥的"O"编队在斯莱普顿沙滩进行预演，3 个英国的登陆编队在朴次茅斯以东的海滩预演。这些演习是整个持续训练的最高潮，目的是使所有人员树立信心，克服混乱现象和解决存在的问题。

5 月 6 日，希特勒让最高统帅部作战局局长约德尔打电话告诉西线总司令龙德斯泰特的参谋长说，他"把诺曼底放在特别重要的地位"。龙德施泰特和隆美尔两位指挥官心里虽有不同的打算，但是对元首的指令不敢怠慢，又有一部分防卫士兵被送到诺曼底前线。诺曼底到"D 日"之前的兵力虽然还不如加莱，不过比之前有所加强。

5 月的一天，位于伦敦的盟军陆军司令部办公室的两扇窗户被一阵大风刮开。放在桌面上的12份绝密文件全部被风刮出窗外。这12份文件是"霸王"行动的绝密材料，军官们立即下楼，四处寻找，最后找回了 11 份，剩下的 1 份，毫无踪影。两小时后，一位戴着深度近视眼镜的市民找上门来，见到司令部卫兵室的卫兵说，他捡到了一张纸，上边密密麻麻印着不少内容，但是不容易看懂。说完，他把这张纸交给了卫兵，原来这张纸就是遍寻不得的第12份文件。这位市民是从哪里捡到这张纸的，他真没有看懂内容吗？他若没看懂内容又怎么会把它交到陆军司令部呢？如果看懂了，他有没有把秘密告诉他人？一连串的问题，都要靠这个市民解答，可是后来再也没有找到这位市民，答案自然也就不得而知了。

5月15日，诺曼底登陆作战情况介绍会在伦敦的圣保罗学校八年级教室举行。出席介绍会的有英国国王乔治六世、首相丘吉尔、陆军元帅扬·克里斯蒂安·史末资等人，英国三军首脑、英国战时内阁成员都出席了会议。盟军所有的主要指挥官都在场，包括艾森豪威尔、布莱德雷、巴顿、蒙哥马利和他的两个陆军指挥官：迈尔斯·登普西爵士和一位加拿大军官亨利·克列勒。出席会议的还有参加"霸王"行动的师以上高级指挥官。

整个战争期间，还没有举行过这么多要人一同参加的军事会议。会前，参谋部的作战计划官们曾经在这个圣保罗学校用了整整一天时间反复说明、审查和协调整个"霸王"计划的各个细节。会议的目的不只是介绍"霸王"作战计划，它还有另一个目的，那就是让所有司令官注意最高统帅部的总意图，让每一个司令官对可能得到的援助措施有一个完整和全面的概念。

艾森豪威尔宣布会议开始，他说："今天，我们就登陆法国这个问题开个短会。"他要求大家把现存于陆海空三军之间的不和意见先放下。蒙哥马利将军作为地面部队总指挥首先发言。他说，在法国他将面对德军60个师，其中10个是装甲师。他说："2月份，隆美尔元帅从荷兰转到卢瓦尔担任指挥官。现在十分清楚的是，他的目的是想阻止盟军的任何突破，把'霸王'

行动彻底击败在海滩上。为此，隆美尔已经加强了海滩的防御措施，增加了兵力，并对后备装甲师重新做了部署……"

蒙哥马利详细讲述了德军可能采取的反击行动后，对盟军一系列对策提出了自己的方案。他说："到时，我们必须依赖我们突然进攻的威力，依靠海军和空军强烈的火力支援，以及我们自身的智慧……在敌人还没有来得及调遣足够的后备力量前，我们必须在岸上开辟我们的通路，建立起一个立足点。装甲纵队在登陆那天必须迅速向纵深穿插，目的是打乱敌军的防御计划……"

蒙哥马利，全名伯纳德·劳·蒙哥马利，二战时期著名战将，个头矮小，处事跋扈，精明强干，是一位非常有个性的人物，1887 年 11 月 17 日生于伦敦肯宁敦区圣马克教区的一个牧师家庭。1901 年 14 岁时，他才正式入学，文化成绩低劣，但是体育成绩非常好。1907 年奇迹般地考入了桑德赫斯特皇家军事学院。1908 年 12 月毕业后，加入驻印度的皇家沃里克郡团，当了一名少尉排长。

一战期间，蒙哥马利曾在法国、比利时战场服役，曾负重伤，差点送命。一战结束时，任师司令部中校一级参谋。1920 年 1 月，蒙哥马利跨进坎伯利参谋学院的大门，同年 12 月毕业后，参加了爱尔兰战争。1926 年 1 月，奉调回参谋学院任教官。1934 年调任奎塔参谋学院主任教官。1937 年起任第九步兵旅旅长，因带兵有方，得到当时南部军区司令韦维尔的赏识。1938 年 10 月任驻巴勒斯坦的第八师师长，参与镇压巴勒斯坦的武装暴动，被晋升为少将。1939 年 8 月，被调回国内接任有"钢铁师"美誉的第三师师长。

二战爆发后，蒙哥马利指挥第三师随英远征军横跨英吉利海峡，进入法国。1940 年 5 月，德军闪击西欧时，他与法比联军并肩作战，后被迫随英国远征军从敦刻尔克撤回英国。蒙哥马利曾参加指挥敦刻尔克大撤退。1940 年先后任第五军、第十二军军长，12 月又升任英格兰东南军区司令，负责选拔、调整、培养各级指挥官，训练部队。1942 年 7 月，北非沙漠中的英国第八集团军被"沙漠之狐"隆美尔的德国非洲军团击败，退守埃及境内的阿拉曼地区。

1942 年 8 月 4 日，丘吉尔任命蒙哥马利为第八集团军司令。蒙哥马利的到来改变了一切，并得到丘吉尔的支持。蒙哥马利积聚力量，于当年的 10 月 23 日至 11 月 4 日在阿拉曼地区率部与德意军队激战，挫败"沙漠之狐"隆美尔，一举扭转北非战局。由此，他声誉大振，被人们称为捕获"沙漠之狐"的猎手。随后，第八集团军与盟军配合于 1943 年 5 月在突尼斯全歼北非残敌。

阿拉曼战役后，蒙哥马利受封为爵士，并晋升为陆军上将。1943 年7 月，他率英军第八集团军在意大利西西里岛登陆。9 ～ 12 月，协同美军实施进军意大利南部的战役。1944 年 1 月，调任第二十一集团军群总司令兼地面部队司令，参与诺曼底登陆战役的计划制订工作。1944 年 6 月，蒙哥马利协助艾森豪威尔指挥诺曼底登陆，9 月 1 日晋升为陆军元帅。此后，率领英国和加拿大部队转战法、比、荷、德四国。1944 年 9 月，指挥"市场花园"行动作战，没有达到最终的目的。1945 年，他指挥第二十一集团军群横渡莱茵河进入德国本土，5 月代表盟军在吕讷堡荒原接受德军北方兵团的投降，任驻德英国占领军司令和盟国对德管制委员会英方代表。

1946 年，蒙哥马利成为嘉德勋爵并封子爵，1946—1948 年任大英帝国总参谋长。1948—1951 年任西欧联盟常设防务机构主席，1951—1958 年任北大西洋公约组织军队副司令。1958 年，蒙哥马利结束了 50 年的军旅生涯而退休，他是英国历史上服役最久的将领。蒙哥马利退休后，曾来中国访问，受到毛泽东主席、周恩来总理的接见。1976 年 3 月 25 日，蒙哥马利在英格兰汉普郡奥尔顿去世，终年 89 岁。2002 年，蒙哥马利入选英国广播公司（BBC）选出的"最伟大的 100 名英国人（第 88 名）"。

蒙哥马利之后，盟军海军司令拉姆齐、空军司令利·马洛里也先后发了言，他们分别介绍了经过修改的"霸王"作战计划中海军和空军的计划。

会议用时一个半小时集中介绍了美军的登陆部分。柯克将军介绍了西部特混舰队的计划，布莱德雷介绍了第一集团军的计划，奎萨达介绍了陆军第九航空队的计划。英国军官介绍了英军的登陆部分。首席后勤军官和民政人员也发了言。

英王乔治六世和丘吉尔在会议最后发表了简短讲话。乔治六世是一位年轻、英俊的君主，但是在公众面前腼腆羞怯，说起话来结结巴巴，很少公开发表演说。在今天这样的场合，他的举止和说话的勇气给与会者留下了深刻的印象。他首先对来自各盟国的军事领导人表示欢迎，接着说："我们不再孤军奋战了。"乔治六世说完后，丘吉尔开始发表讲话。在他不长的演讲中，有一段特别有力的话震动了在座的人："先生们，我坚定不移地支持这个军事行动！"乔治六世和丘吉尔的讲话赢得了全体与会者的热烈掌声。

会议结束后，所有高级指挥官分头视察他们能够到达的各部队。这次会议不仅标志着所有"霸王"作战预先计划和准备工作的实际完成，还加强了与会者的信心。到会的几十名指挥官和参谋详细地了解到在这次大规模行动中，自己特定的那部分部队将获得多大的支援。临近登陆的那些日子，每一个基层作战指挥官得到一份大比例地图，万分之一比例的海岸线草图一直发到西部特混舰队最小的登陆艇上。

◎ 风浪再大，也要上船集结

5月23日，艾森豪威尔认为进一步确定"霸王"行动"D日"的日期已是刻不容缓，因为用以构筑"醋栗树"防波堤的船只到达登陆地域需要6天。于是，他决定把6月5日暂定为"D日"，并将6日和7日作为天气不好需要推迟时的替换日期。这三个日子和预定的"H时"十分机密，直到5月28日，当盟军海军司令拉姆齐将军发出"执行'霸王'作战"的信号时，才将"D日"和各登陆编队的不同的"H时"通知各级指挥官。实施登陆作战的准备一切就绪，288万将士枕戈待旦。

5月28日，盟军总司令艾森豪威尔通知陆海空三军人员"D日"定为6月5日，同时宣布了每个登陆编队的登陆时间。从此，登陆舰队人员全部禁止下船，登陆部队禁止离开军营，一切邮件均被扣押，电话和海底电缆中断使用，急件必须经高级指挥官批准才准发出。

5月31日，盟军开始上船和集结，一切非常顺利，德军这一天没有前来

诺曼底登陆场面

骚扰。

5月31日夜间至6月1日凌晨，盟军海军布设了10个水下音响浮标，以便为每条航道扫雷时提供准确的起点。5个登陆编队各分配到两条相邻的宽约370米的航道上，每条航道设置了灯标，各灯标间隔2公里。这些灯标紧跟着扫雷舰艇后面的英国海军巡逻艇。进行这一庞大的扫雷工作，需要同时出动245艘舰艇，10艘备用舰艇。

此刻，诺曼底海面风势很猛，成千上万的盟军战士正紧张地蹲在一艘艘战舰里，在起伏不定的海面上颠簸着。晕船的战士只好取下钢盔接着吐出来的东西。每一个士兵出发时，都收到了一份由盟军总司令艾森豪威尔亲自签发的进军书：

盟国远征军的陆、海、空三军将士们！

你们即将出发参加为之奋斗了数月的"伟大的十字军远征"。此时此刻，全世界在注视着你们。全世界热爱自由和平的人们，在时时刻刻期待着你们的胜利，并不断为你们祈祷。你们同其他战线上的英勇的盟军战友一起，定会砸碎纳粹德国的战争机器，彻底摧垮纳粹对欧洲被压迫人民的野蛮统治，保障自由世界的安全。你们所肩负的任务重大而艰巨，你们面对的敌人训练有素，装备精良，凶悍顽强，他们势必困兽犹斗。

时间已迈入 1944 年！纳粹自从在 1940 年至 1941 年获得胜利以来，形势完全大变。盟军勇士们浴血奋战、勇猛顽强，给德军以重大惨败。我们的空中优势大大削弱了敌空军的力量及地面力量。我们的国内战线，在武器和弹药方面给我们提供了绝对的优势，并给我们提供了可以随意使用的大量受过训练的后备部队。

世界潮流已经改变！全世界爱好自由和平的人们正在携手走向胜利！对于你们的勇敢精神、忠于职守和战术水平，我深信不疑。

我们必将赢得彻底的胜利！

祝各位平安！

让我们恳求全能的上帝为我们伟大而光荣的事业祝福吧！

尽管海上的条件异常恶劣，但是将士们仍然坚定地出发奔赴战场，面对德军海岸上的钢筋混凝土、工事里巨大的加农炮，面对德军庞大的装甲部队。

1944 年 5 月，根据希特勒的命令，德军在诺曼底地区加快了修建防空和反坦克工事的速度。西线 B 集团军群总司令隆美尔在诺曼底地区重新部署了预备队，命令预备队向诺曼底海岸移动，同时请求希特勒准许他把第十二党卫军装甲师和训练装甲师调往圣洛－卡朗坦一带。然而，遭到西线总司令龙德施泰特的反对。龙德施泰特认为隆美尔布设的雷区和反登陆障碍物是一些"无聊的小玩意儿"，他的防御战略是依靠步兵和装甲预备队，在盟军突破海岸防御工事的外层到达登陆场之前进行反攻，大量的步兵师和装甲师应配备在内陆。

龙德施泰特反对隆美尔把装甲师固定在死亡地带后面的沿海地带。隆美尔同意龙德施泰特关于盟军可能在索姆河口登陆的意见，但他反对龙德施泰特重视布勒斯特半岛的防御，因为半岛对盟军发展日后作战距离太远，而且半岛可以登陆的海滩很少。隆美尔认为盟军登陆的方向应在塞纳湾，同时不排除在法国地中海沿岸进行牵制性登陆的可能。

在盟军登陆的前几周，隆美尔会见了鲁格海军中将。隆美尔向他问起科坦丁半岛东岸的一个海滩，并咨询那里是否有可能遭受攻击。鲁格回答："盟军在那里能够避免遭到两边风浪的袭击，登陆非常有可能。"隆美尔相信鲁格的判断，回去后立即在"犹他"海滩重新部署了兵力。他又咨询了西线海军总司令克朗克海军上将。克朗克认为盟军很可能在斯凯尔特河登陆，因为那里的安特卫普港距鲁尔最近。同时，克朗克也同意隆美尔的预测，塞纳湾将是盟军最可能登陆的地点。隆美尔前往"奥马哈"海滩视察防御工事时，命令守备部队快速加固该段工事。隆美尔还把战斗力较强的第三五二摩托化步兵师调到"奥马哈"海滩，将该师的 1 个团部署在滩头，另外 2 个团部署在海滩几英里外的贝叶地区。事后证明，"奥马哈"海滩后来成为美军前进的巨大障碍，美军为此付出了巨大的代价。

隆美尔及时向希特勒报告："盟军一旦大规模登陆诺曼底，远在内陆的装甲师在赶往前线的路上就会被盟军的空军歼灭。"希特勒不相信隆美尔的话，他认为盟军一定会在加莱登陆。为了增强加莱地区的防御力量，希特勒把 B 集团军群的第十五集团军群（共 19 个师）调往加莱地区。如此一来，隆美尔的兵力就更是捉襟见肘。

6 月 1 日，大西洋上空几个低压槽正向纽芬兰和爱尔兰之间接近，这预示着英吉利海峡将出现一段较长时间的恶劣天气，天气的突然变化令艾森豪威尔焦急万分。往年春季，英国只有蒙蒙细雨，而今年则是狂风裹着暴雨，席卷着整个英格兰。在波特斯摩斯附近的南威克庄园搭起的作为反攻行动指挥部的军用帐篷，在如此恶劣的条件下随时有倾倒的危险。停在树丛和伪装物掩蔽下的艾森豪威尔的指挥拖车也被大风掀倒了。

艾森豪威尔每天召开两次会议同高级将领们一起听取天气预报，一次是晚上 9 时 30 分，另一次是早晨 4 时。会议在朴次茅斯附近的索思威克大厦的餐室举行。这是一个很大的房间，三面排列着高大的书柜，室内有一张桌子和若干椅子，另一面墙上分成上下几排挂着一张张气象形势图。气象委员会成员有英国人，也有美国人。他们的领导是斯塔格空军上校，一位性格偏强、行动机灵、作风谨慎的苏格兰人。

会上，通常先由气象专家们介绍气象发展的动态，然后是专家们与司令官们的热烈讨论。讨论是非常严肃的，每一点问题都被认真地提出来，由专家周密地分析，再由司令官仔细研究。

紧要关头，英吉利海峡的天气一天比一天恶劣。

◎ 君臣一心

6月2日，整个北大西洋上空充满连续性的低压气层，气象条件前景暗淡。艾森豪威尔收到一份情报："近几天从英国到法国海岸的整个天气形势发生了变化，天气有可能成为登陆舰队的最大威胁。"这份令人恼火的预报对餐室内的所有盟军将领产生了影响。当气象官斯塔格走出餐室后，克里西风趣地开玩笑："6英尺2高的斯塔格，其中6英尺1是忧郁的。"听克里西这么一说，大家禁不住哈哈大笑起来。

2日清晨，丘吉尔乘坐专列前往朴次茅斯近郊的艾森豪威尔司令部，随同前往的有史末资元帅、欧内斯特·贝文先生、伊斯梅将军及其他随行人员。当丘吉尔一行正要启程时，却收到了国王乔治六世的一封信：

亲爱的温斯顿：

请允许我再一次向你提醒，进攻开始日前切勿乘舰出海。请你想一下我个人的情况吧。我比你年轻，我还是一个水兵，作为国王，我又是三军的统帅。我最喜欢做的事情就是出海了，然而我仍然选择留在家里。我本人喜欢做而不能做的事情，你却做了，这是否有失公平呢？昨天下午，你提到国王最好像以往的时代那样，亲率军队冲锋陷阵。如果国王不能这样做，我认为他的首相也不能代替他去做。

另外，你一定要认真考虑一下自己所处的地位。你不会看到多少实际的战斗，你要冒很大的风险，在一定要作出重大决定的紧急时刻，将不能接见下属。不管你如何试图避免增加别人的麻烦，只要你在舰上，就势必会大大加重舰队司令和舰长的压力。正如我在前函中所说，你要是出海的话，将无可估量地增加我个人的焦虑，而且你不征求内阁同僚的意见就出海远航，将会把他们陷于非常尴尬的境地，他们有理由感到不满。

我最诚挚地要求你重新考虑这个问题。

我非常理解你的个人愿望，但是请不要让这种愿望使你离开自己对国家所负的崇高的责任。

你最忠诚的朋友乔治

此时，丘吉尔的专列正停在南安普顿郊外，丘吉尔不久便与盟军最高统帅部接通了电话。11时30分，为了答复国王的询问，丘吉尔通过专线电话，同在温莎堡的拉塞尔斯通话，说为了顺从国王陛下的愿望，已取消了出行计划。下午，丘吉尔会见了艾森豪威尔。艾森豪威尔的帐篷和篷车巧妙地隐蔽在附近的一个森林中。

6月3日凌晨，丘吉尔才回信给国王乔治六世，并派传令官迅速送往温莎堡。回信全文如下：

国王陛下：

没能及时回复陛下的来信，我必须为自己的行为请求宽宥。

收到来信时，我正想乘火车出发。从那时以来，我一直不停地旅行。现在，我已指定了一名传令官，以便将此信于今晚送交陛下。

陛下，我还不能真正认识到，你的来信第一段中所述已充分地考虑了下列事实：按照英国的宪法，国王与臣民绝对不能相提并论。如果陛下按照个人的愿望，乘坐一艘参加炮击行动的军舰出海，事先必须获得内阁的同意。我很倾向于认为，并且已将这种看法奉告陛下：内阁必然会极力劝告陛下不要前去。

作为首相兼国防大臣，我应当获准前往我认为对于履行我的职责确有必要前去的地方，而且我不认为内阁有权约束我的行动自由。我依靠自己经历许多重大事件的判断力，能够确定一个履行像我这样职责的人能冒多大的风险，其适当的界限在哪里。我以诚恳的心情请求陛下，不要确立任何限制我行动自由的原则，以免使我不能在我断定有必要时到各个战场去了解情况。

陛下此次对我个人的安全如此深切关怀，令我不胜感激，所以我必须顺从陛下的愿望，其实是陛下的命令。当我了解这种愿望或命令是由于希望我继续为陛下服务时，我感到非常的欣慰。虽然我对自己不能前去观看炮击实况感到遗憾，但是对陛下的心意却深为感谢，因为陛下正是本着这种心意来关怀陛下的这个卑微而忠诚的臣仆的。

温斯顿·丘吉尔

6月3日，这一天是关键的一天，盟军必须确定是否推迟登陆，因为一些舰船正向怀特岛以南的会合区驶去。Z区为直径10海里的圆圈，位于圣凯瑟琳灯塔东南14海里处。盟军将领们称Z区为皮卡迪利广场。

21时30分，将领们又来到海军司令拉姆齐的餐室，聚精会神地听取斯塔格的天气预报。斯塔格进一步肯定了以后三四天是坏天气。接着，大家开始向他提问题，尤其是对飞机和空降部队至关重要的云层和能见度问题。艾森豪威尔认真听着，最后他提问，是否所有的预报人员都同意该预报？斯塔格点了点头。艾森豪威尔决定推迟登陆发起时间，暂时推迟一天，最后决定要到4日4时15分召开的会议上确定下来。

◎ 责任我一人承担

6月4日4时15分，当将领们来到索思威克大厦开会时，焦虑像乌云一样布满每个人的脸。在索思威克大厦上空，天气仍然没有转好的迹象。天气预报人员彻夜工作，内心充满了忧虑。他们要在3时召开的电话会议上提出对最新天气预报的意见。

4时15分，斯塔格来到餐室（会议室）。艾森豪威尔听了他的预报后，开始与其他人商议，最终肯定"D日"应该推迟一天，即6月6日。

5时15分，盟军海军司令拉姆齐向有关人员下令推迟D日。海上的船队、海上的火力支援舰奉命返航，但是U编队的U2A大队未能接到推迟登陆的信号。U2A大队共138艘舰船、4艘警戒舰和1艘救援拖船，正在按计划驶往"犹他"海滩。

4日9时，U2A大队驶入圣凯瑟琳角以南25海里处，继续向南行驶。拉姆齐派出2艘驱逐舰全速追赶这个大队，却没有发现其踪迹。2艘驱逐舰误入雷区，不敢动弹。幸运的是，从朴次茅斯起飞的一架水上飞机找到了 U2A 大队，命令其掉头返回韦默思湾。由于西南偏西风和很大的海浪，U2A 大队行动缓慢，午夜后才返回锚地。

U2A 大队返航后约半小时，第十四扫雷支队在圣凯瑟琳角以南 15 海里处扫雷，扫除了 5 个水雷，有 2 个在扫除时爆炸。由于天气越来越恶劣，第十四扫雷支队被迫停止扫雷行动。拉姆齐得知这个情况后，命令他们一旦天气转好，马上清扫航道，并用浮标标示雷区。扫雷时，一个未扫除的水雷击沉了美军扫雷舰"鹗鸟号"。

此时，天空乌云密布，刮起了大风。大厦附近林子里的树开始摆动，这是低气压的前兆。这天早晨，盟军将领们听到一件令他们感到恐惧的失密事件。昨天晚上，美联社的一位女发电报员闲来无事，在一台发报机上练习。她打出了电报："紧急电报——美联社……盟军已在……登陆。"这份电报瞬间传过了大西洋。半分钟内，她吓得出了一身冷汗，立即停了下来。将领们唯一能做的就是祈求德国情报机构没有截获该电报。战后经过调查，德国人并没有截获它。

下午和傍晚，天气预报人员紧张地盯着气象图，研究舰船和岸上气象站发来的每个情报。谁也没有想到天气对有史以来最大的一次登陆行动如此不利。

1 时 30 分，盟军高级将领们继续开会。斯塔格说："感谢上帝，天空突然出现了一些变化，这是我们没有料到的。星期二（6 日）上午登陆地域的气象条件符合司令部提出的要求。"他接着说，"但未来的天气并不会好转，在星期二晚些时候云量可能会增加……从星期三早晨至少到星期五，天气将不可预测。"盟军一旦在星期二冒险登陆，未来几周的快速增兵就成了问题。每个将领心中担心的显然是未来的增兵问题。拉姆齐问斯塔格，7日到9日的天气是否比预报的好一些。斯塔格说，如果低气压比预报的情况向东北方向移动，那么情况会比预报的好一些。

盟军空军司令马洛里向斯塔格问了关于云的情况。艾森豪威尔问蒙哥马利："你认为6日能否登陆？"蒙哥马利坚定地说："不能再推迟了。"

接着，将领们又开始讨论起来，重点讨论了云的情况对空军作战的影响。最后，艾森豪威尔决定：登陆诺曼底作战计划于6月6日正式实施。拉姆齐和蒙哥马利都支持6月6日登陆，只有马洛里表示怀疑。马洛里建议明天早晨再召开一次会议，讨论这个问题。

6月5日凌晨，刮起飓风般的大暴风，把艾森豪威尔营地的帐篷吹得东摇西晃，随之而来的是铺天盖地的大雨。艾森豪威尔及其随员在泥泞道上走了近2公里，于3时30分准时来到海军司令部参加气象汇报会。汇报会开始的气氛十分沉闷，每个军官的脸上写满忧郁。气象委员会主任缓慢而认真地报告："前一天预报的法国海岸的恶劣天气已经在那里出现。我们如果坚持要在6月5日实施登陆，肯定会遭到巨大灾难。"

气象主任首先报告这一点，可能想使在座的将军们更加相信他们的气象预告是十分准确的。他接着说："预报到6月5日18时，有两个低压系统将要在赫布里底群岛附近合并成一个低气压，在这个气象图上标号为D1。"气象主任一边说着，一边指了指挂在中央的一幅气象图："在未来24小时内D1将被填塞，英吉利海峡的风力将减弱到4级，云量也将减少。从6月6日早晨开始，将会有两天的好天气，5级西到西北风将逐渐减弱并转为西南风，最低云层高 300 米、浪高 6 米。在这样的气象条件下，运载空降兵的飞机将不会出现混乱，舰船在海上保持航向虽然有点困难，但对其作战行动影响不大。登陆区域内海浪较低，拍岸浪也较少，可以实施强行登陆……"

听到这个消息，在座的将军们喜出望外。气象主任仍然不紧不慢地说："两天后可能还会出现狂风暴雨，暴风雨持续多久，现在从气象图上还不能断定……"

这一预报使刚刚活跃的会议，一下子陷入沉闷。艾森豪威尔权衡再三，最后决定："只要明天的天气情况得到进一步证实，就立即开始行动。"

海军司令拉姆齐敏锐地感觉到，这次最高司令的决心是下定了，于是他发出命令，最后确定了第一波登陆时间，即"H 时"：

剑区和金区　　　　　7 时 25 分；

朱诺左区　　　　　　7 时 35 分；

朱诺右区　　　　　　7 时 45 分；

奥马哈区和犹他区　　6 时 30 分。

艾森豪威尔再次征求各位指挥官的意见，蒙哥马利与以往一样，亟待发起进攻。海军司令拉姆齐表示同意，空军司令马洛里却忧心忡忡，他担心这样的天气空军不能出动，即使出动，也不能准确实施轰炸，不过最后还是同意了。

听完了在座的将军们的意见，艾森豪威尔沉思片刻，他举目仰视作出了最后的决定："好！实施登陆！"命令一经发出，所有人都跑出会场忙自己的事了，房间里只剩下艾森豪威尔一个人。他默默地坐在大书柜前面的沙发上，沉思良久，然后轻轻走到桌子前细心地用铅笔写下了几行字。他深知，如果盟军登陆作战进攻不利，自己就会忙得一塌糊涂，到那时将腾不出手来写任何东西，此刻应该起草一份公报，以备发表。

"我军在瑟堡－勒阿弗尔地区的登陆失利，没能占领一个令人满意的立足点，部队被迫撤退。"写完这句后，艾森豪威尔觉得不妥，于是划掉了最后几个字，改为："我们把部队撤了下来。"继续写："我决定在此时此地发动进攻，是根据所得到的最可靠的情报作出的决定。陆军、空军和海军都恪尽职守，表现出非常勇敢的献身精神。如果谴责此次行动或追究责任的话，应由我一人承担。"

公报写完后，艾森豪威尔郑重地签上了自己的名字。

第五章

抢滩第一日

滩头上，载有部队、大炮、车辆的登陆艇源源不断地涌来。炮弹在他们头上纷飞爆炸，德军机枪对准他们疯狂扫射，登陆艇和车辆纷纷起火，弹药频频爆炸，登陆士兵似乎已无逃生的希望。盟军战士很快就从手足无措的惊恐状态中清醒过来，挺身而出。

◎ 高超的迷惑战

　　海面上几千艘舰艇冲破重重的迷雾，从英格兰南部各港口出发，先驶向怀特岛南面代号为"皮卡迪利广场"的海域。依据登陆的 5 个海滩编成 5 个登陆突击编队。每个突击编队又有自己的 5 条航道，所有舰船将沿着各自的航道向诺曼底半岛方向前进。它们排列着整齐的队形在波涛汹涌的海上疾驶，队伍宽达 32 公里。参加诺曼底登陆的战舰包括：英国和加拿大战舰共 143 艘，其中战列舰 4 艘、巡洋舰 21 艘、驱逐舰 116 艘和低舷重炮舰 2 艘；美国军舰共 46 艘，其中战列舰 3 艘、巡洋舰 3 艘和驱逐舰 40 艘；其他盟国海军的巡洋舰 3 艘和驱逐舰 8 艘。这里不包括数量巨大的各型输送船只和保障船只。扫雷舰艇行驶在最前面。

　　参加诺曼底登陆的空军共有作战飞机 1100 架，运输飞机 2300 架，滑翔机 2600 架。美军战术空军第九航空队负责掩护西部特混舰队渡海时的空中安全。英军战术空军第二航空队负责掩护东部特混舰队渡海时的空中安全。

盟军和西线德军陆军人数之比为3：1，盟军占有绝对优势。美军还集结了巴顿的第三集团军（41个师），作为总预备队。登陆前，计划在盟军登陆地段分别空降2个师和1个师。

盟军总共在英国集结了近300万人的部队、5000多艘舰船、4000多艘登陆运输舰艇、1000多艘作战舰艇和1万多架飞机。登陆前，美国每月都要把190多万吨的各类物资运到英国。英国国土面积小，数月内在其主要港口和出发地聚集了近300万人的部队和众多舰艇、飞机、战备物资，英国如同一座巨大的军营，到处戒备森严，岗哨林立。对此，艾森豪威尔曾幽默地说："强大的军队就像卷起的弹簧一样，绷得紧紧的，等待着释放它的能量和飞越英吉利海峡的时刻。"

在整个登陆舰队出发前夕，为了保证严密的协同作战和准确的时间选择，盟军海军司令拉姆齐亲自指挥了东部和西部两个特混舰队的第一阶段扫雷。为了消除德国空军飞机和海军E级艇可能布设的大量延期水雷造成的危害，他们对海峡中英国沿岸的航道进行了清扫，对从怀特岛经过海峡中心线直到登陆地域的换乘区各航道也进行了清扫。

6月5日22时15分，盟军C-47型运输机开始从英格兰西部地区的25个机场起飞，20架导航飞机比它们提前半小时飞到6个空降地区。这些C-47型运输机如同一群群遮天蔽日的飞鸟从空中掠过，不时把月光遮住，更多的机群将很快起航。这是一个令人震惊的场面，世界历史上最大的一场空降作战即将展开。

英军第六空降师、美军第八十二和第一〇一空降师的将士全副武装，把脸涂成黑色，乘坐1100架飞机飞向法国海岸防线的腹地。他们要在那里实施空降，要比大规模的登陆主力部队提前若干个小时向德军发起进攻，攻占登陆场的重要目标，阻击德军增援的装甲部队，以保证正面登陆的成功。

5日夜至6日凌晨，德军E级艇没有进行例行巡逻，因为西线舰队司令克朗克认为天气无论对他们还是对盟军都非常不好，海潮很不适合登陆。在盟军发动诺曼底反攻的夜里，空军散发了四处飘散的被称为"金属干扰带"的锡箔片，造成一支舰队正在第厄普附近海面向东驶去的假象，使德国人所剩无几的几处海岸雷达站上当。

与此同时，盟军小型舰只向布伦、第昂蒂费尔角和巴夫勒尔进行了三次强烈的电子干扰，给德军雷达造成一种错觉，好像大批部队正在向上述地区进发。这些迷惑手段的运用非常成功，使盟军的第一批登陆编队向海岸前进了很远后，德军才弄清了盟军的编组。

雷达是二战初期出现的新式军事装备。到"霸王"战役前夕，盟军对其运用已经炉火纯青。这是世界战争史上第一次有目的运用科技手段进行的大规模电子战。为早日发现盟军进攻欧洲大陆的大规模军事行动，及时给防御的德军提供情报，希特勒在建设"大西洋壁垒"的同时，还建立了一套能覆盖整条从挪威到西班牙海岸线的雷达网。预计的盟军登陆的重点地段法国西北部雷达站高度密集，几乎每隔十几公里就有一个大型海岸雷达站。这些雷达站还与设在内地的雷达站互相联网。所有雷达站属德国空军，主要探测盟军的飞机活动情况，并纳入防灾体系。德国海军为专门对付盟军舰艇和海上登陆，还在法国西北部专门建立了许多探测距离为50公里左右的对海雷达站。有了它，英吉利海峡盟军舰船的活动情况尽收眼底。

其实，盟军对德军的雷达站情况一清二楚，并为此制订了周密的计划。

按此计划，在诺曼底登陆日前一周，盟军就出动了空军，对德国海军的 10 个雷达站进行了精确打击，将其全部炸毁，其余的雷达站暂不攻击，让其工作。

深夜，盟军开始实施第二步行动，有选择地留下几个雷达站后，对其余的雷达站实施干扰。留下的几个不受干扰的雷达站都在塞纳河以北，是德军第十五集团军的防区，其目的是让这些雷达站能探测到盟军由 12 艘带有防空气球的摩托艇模拟的假登陆舰队。其中 8 艘摩托艇活动在加莱对面离岸 14 海里的洋面上，其余 4 艘则在巴夫勒尔角以东 6 海里的洋面上游弋。

为配合摩托艇造假信息的活动，盟军还出动了 100 多架飞机进行支援。这些飞机在海峡上空不停地转圈飞行，每转一圈便投下一批叫作"窗子"的金属铂制造的干扰包，每转一圈便调整一次飞行轨迹，使其在雷达屏幕上产生类似大批舰队一步步靠近海岸的图象。

6 月 6 日 0 时 11 分，盟军 8 名真空降兵分成两组，每组 4 人，先后降落，同时有 200 名假空降兵也从天而降。假空降兵离机跳伞后，所带的假手榴弹落地爆炸，这些假空降兵身上也装爆竹引信，落地时引信被触发发生爆炸，此起彼伏，持续不断。与此同时，先行着陆的两组真伞兵，打开各种电子设备，播放出了事先录制好的枪声和炮声，部队运动的脚步声，士兵的咒骂声及指挥官下达命令的声音。估计声势造得差不多了，这些真空降兵才开始转移，接着制造下一场假象。

假空降兵的空投范围很广，德军 B 集团军群的防线上到处都是"盟军空降兵"的报告，B 集团军群总司令部和西线德军司令部的地图上布满了空降兵标记，很长时间辨别不清事情的真相。下属一会儿一个电话，一会儿一个报告，电话与报告往往互相矛盾，各级司令部不知所云。整个夜间，德军一塌糊涂。

德军 B 集团军群总司令部最有决定权，但也是最紧张的。整个法国海岸都归他们防御，可是此刻拿主意的人却是赫尔林根。在集团军参谋长的主持下，幕僚们盯着地图上发现盟军空降兵的地点，看着雷达站送来的盟军舰队正在逼近加莱的报告，拼命地研究判断着。幕僚们经过一番争论，得出的结论是：比讨论之前更加糊涂。所以，当西线总司令部的助理情报组长戴尔丁巴哈少校向 B 集团军群索要前方情报时，所得到的回答是："参谋长认为局势平静，前述报告所指的空降部队，可能是轰炸机上的跳伞人员。"

其实这个时候，盟军真的空降兵已经到了，规模空前的诺曼底登陆战役即将打响。斯大林从 1941 年就提出要求、罗斯福奔波两年、丘吉尔长期拖延的"霸王"行动终于拉开了帷幕。

战略大行动："霸王"作战

◎ 美军空降师大显身手

6月6日凌晨1时，德军第二十一装甲师师长福伊希廷格尔少将向B集团军群总司令隆美尔报告盟军空降兵正在特罗阿尔恩附近着陆。可是，福伊希廷格尔并没有得到从坦克集中地法莱兹出动坦克作战的命令，他所能做的只是根据标准作战规定，派出最前沿的2个步兵营对付盟军的空降部队。

凌晨2时45分，龙德施泰特在司令部接到报告："科坦丁半岛东海岸外传来阵阵引擎声。"这是有关盟军从海上登陆的另一个信息。德军第八十四军很快进入戒备状态。然而，上级做出的反应却是："西线总司令并不认为这是敌军进行的一次大规模行动。"龙德施泰特确信，只要盟军试图发动入侵，他们的雷达站必然会事先发出警报，而他不知道的是未被盟军摧毁的少数几个雷达站全都受到了严重干扰。当德军开始察觉盟军反攻部队的行踪时，盟军部队已在距海岸12海里处上了登陆艇。

当盟军大批舰队于6月6日1时至4时向海滩靠近时，海面上没有发现一架德军飞机。当盟军空降兵部队于凌晨越过诺曼底进入预定空降地点时，德军也没有一架飞机起飞拦截。原来，盟军让其工作的德军9个雷达站所报告的假情况，将德军能作战的飞机都吸引过去了。

6月6日拂晓，美国中型轰炸机和战斗轰炸机连续猛烈轰炸德军诺曼底防线。从午夜到凌晨3时，英军1个空降师和美军2个空降师分别在诺曼底半岛、德军"大西洋壁垒"后面陆续着陆。

与此同时，盟军许多轰炸机飞到加莱地区，在鲁昂和阿夫兰彻斯地区附近上空投下了大量的铝箔纸迷惑德军，使德国人误认为是盟军的伞兵部队。德国防空雷达发现这些目标后，错误地判断加莱为盟军的主要攻击区域。

科坦丁半岛北部的瑟堡周围是丘陵地，但是在"犹他"海滩的背后，丘陵变成了低平的牧场和由树篱或土堤分隔的小块土地。半岛的颈部被沼泽、河流和水渠几乎分成两半，这是当初由拿破仑想出来的，起码在某种程度上可以起到防御的作用。杜夫河和梅尔德里特河流入卡朗坦河。卡朗坦河又在"犹他"与"奥马哈"海滩之间流入塞纳湾。为了防止盟军可能空降和穿插，德军放水将这些低地淹没，形成了一道又长又宽的残水屏障，迫使半岛底部的全部南北交通只能通过严格限定的3条路线。

"犹他"海滩的背后，德军已将伸入内地约3.5公里的牧场淹没，但是仍有9条堤道穿过牧场，把海滩通路同最近的一条南北公路连接起来。美军及时控制这些堤道是保障部队快速展开的关键，否则登陆部队可能被困在海滩上，难以通过泛区，这样就会成为德军炮兵的射击目标。

为此，盟军统帅部将美军第八十二、第一〇一空降师派去支援第七军，计划在"D日H时"之前5小时空投到内陆。泰勒少将指挥的第一〇一空降师在圣梅尔－埃格利斯东南空降，占领海滩堤道的终点并封锁卡朗坦附近通往半岛的陆上通路。李奇微少将指挥的第八十二空降师在圣梅尔－埃格利斯以西的梅尔德里特河两岸着陆，夺取这个位于交叉路口的村庄，并阻击德军可能来自西北方向的反击。

德军设置了由"隆美尔芦笋"构成的反空降障碍物，这种障碍物是在木杆上拉起有刺的铁丝网并敷设地雷的装置。但是，大部分障碍设置在没有空降兵着陆的地区，他们估计盟军会在更远一些的内陆空降。当得知盟军在驻地与海滩之间空降时，德军一时手足无措。

美军大规模的空投进展得不太顺利，德军高射炮火密集而猛烈，许多飞机驾驶员不得不在高空快速盘旋，以致空降兵部队无法准确跳伞。一队队空降兵在漆黑的夜晚从空中降落。此时，这些空降兵显然不像他们臂章上绣饰的那些呼啸威武的雄鹰，更像一群挂在细线上的毛虫，他们落地后才发现没有投到预定地点。

空投下来的美军第一〇一空降师由伞降步兵第五〇一、第五〇二、第五〇六团组成。部队在黑暗中着陆，分散在一块长25海里、宽15海里的区域内。

黎明时分，美军第一〇一空降师6600名战斗人员中，有的降落在果树园里，有的降落在小块田地上，部队很散。有些人甚至落入德军放水淹没的牧场上，不少人由于背负着沉重的武器装备被水淹死，不少人在德军猛烈的扫射下丧生。活着的人爬上陆地后，立即组织起来，在黑暗中用口哨发出蟋蟀的叫声彼此进行联系。然而，德军已经识破了他们相互联络的办法，用缴获的口哨，把不少第一〇一空降师的士兵引过去一举歼灭。幸亏德军没在这一带设下重兵。他们有时间相互寻找，开始是个人单独行动，后来逐渐结成了小队或班，陆续赶往指定地点集合。

天亮时，德军集结了足够的力量，控制了"犹他"海滩各堤道的西面出口。然而，德军未能摧毁南面杜夫河和卡朗坦运河上的桥梁。

直到中午，美军第一〇一空降师第五〇一空降团团长才集合起 200 名官兵，去完成占领或摧毁卡朗坦西北杜夫河上两座桥梁的任务。海军舰炮火力岸上控制组和该团团长呼叫重巡洋舰用 203 毫米火炮射击阻碍空降兵前进的德军阵地。

美军第一〇一空降师第五〇二空降团的任务是占领 3 号、4 号通道的终端，构筑环形防御阵地，并与第八十二空降师会合。该团大部分士兵没有在指定的地域着陆，但是营长们尽量把人员集合起来朝着指定的目标出发。随后，一个 15 人的小组攻占了梅西埃雷斯村并俘虏了 150 名德军。第三营营长率领 75 名士兵向海滩通路推进，于 7 时 30 分顺利到达通道。午后不久，该营与正向内陆运动的第四师的登陆部队会合。

美军第一〇一空降师第五〇六空降团的任务是占领靠近"犹他"海滩的泛区后的干地，并掩护正在登陆的第七军的左翼。该团着陆地非常分散，但是到 6 月 6 日 4 时 30 分，已有两个营的部分兵力开始向通道运动。中午时分，第三营攻占了波佩村。不久，空降部队同已在"犹他"海滩最南端上陆的登陆部队取得联系。第二营遇到了激烈的抵抗。13 时 30 分，该营的一个连到达海滩 2 号通道，为第四师的部队和坦克使用该通道扫清了障碍。

第一〇一空降师各团的空降非常分散，装备损失了 60%，集结部队十分困难，但是散布面过广有助于迷惑敌人。

与此同时，美军第八十二空降师第五〇五空降团的一个营占领了位于交叉路口的要地圣梅尔－埃格利斯村，并成功击退了猛烈反击的德军。另一个营夺取了梅尔德里特河上的两座桥梁。其他两个团着陆后分布很散。黄昏时分，第八十二空降师的大部分部队已位于圣梅尔－埃格利斯村的附近，控制了瑟堡－卡朗坦公路干线，这样就可以把德军第九十一师全部人马拖在原地。为了抗击德军来自三个方向的攻击，有156人阵亡，347人负伤，756人失踪。

　　美军用滑翔机运送后续部队没有成功，运送第一〇一空降师后续部队的51架滑翔机在试图向诺曼底小块土地着陆过程中，人员伤亡和滑翔机损失都很大。第二梯队在黄昏时到达，着陆更不顺利。第八十二师同样损失了许多士兵，损坏了许多滑翔机。

◎ 登陆换乘

英军第六空降师降落在盟军反攻战线东翼卡昂东面一带，某空降部队的目标是夺取从卡昂到海滨这一段奥登河两岸的重要桥头堡。在空投过程中，虽然受风力的影响太大，许多空降兵落到了空投区的东面，但是英军各主要空降旅所发动的空降突击，仍取得了出奇制胜的效果。他们把德军从奥登河和运河桥梁附近的朗维尔村赶了出去，并为载有反坦克炮的滑翔机拿下了主要着陆区。除一座桥梁外的所有桥梁均被突击部队迅速占领并炸毁。

6月6日这一天，150名英国空降兵对梅维尔附近一座控制着"剑"海滩的海岸炮台发动猛攻。他们和周围防御工事内的180名德军守卫展开了一场肉搏战，尽管他们有一半人伤亡，最终还是摧毁了德军的炮台。虽然空降兵没有立即实现控制登陆地段后面地区的目的，但是在内陆占领了大约12公里的地段，吸引了德军的第一批反击兵力，并且由于空降兵的英勇奋战，这个地区成为诺曼底5个主要登陆地段中最易攻克的地方。

艾森豪威尔视察第一〇一空降师

德军早就知道反攻迫在眉睫，但是事到临头还是猝不及防。此时，狂风大作的恶劣天气，反倒有利于盟军的隐蔽。德军三位高级将领满以为在这种海水猛涨、恶浪排空的时刻，盟军不可能实施登陆，因而离开了司令部。负责指挥从斯堪的纳维亚到西班牙沿线的所有守军的陆军元帅隆美尔，此时为了祝贺夫人的生日，正坐着奔驰汽车在前往德国的公路上。龙德施泰特和西线装甲集团军司令施韦彭布格将军坚守岗位，而他们两人均受到上级的掣肘。没有最高统帅部特许，龙德施泰特不得擅自动用战略预备队，而施韦彭布格则没有直接指挥战斗的权力。

4时05分，美军"贝菲尔德号"及其随行舰艇在科坦丁半岛抛锚，登陆部队进行了换乘。整个登陆部队编为26个艇波，他们在控制艇的引导下向海滩冲去。参加突击的32辆坦克利用科坦丁半岛的有利地形安全下海，其中28辆完成了2海里的航程，与第一批突击部队一起登上"犹他"滩头。

从 5 时 30 分开始，舰炮开始进行密集的火力准备，遮天盖地的炮火使登陆部队无法看清岸上的任何目标，第一波登陆艇只能靠罗经航向驶向登陆点。实际上，即使在风平浪静的晴朗天气里，从这个换乘区向海岸方向眺望，也只能看清圣马科夫岛，根本看不清海岸，甚至快到岸边时也看不见能够帮助登陆艇艇长辨别位置的塔尖、楼房和明显的高地。

4 时 55 分，英国的道格拉斯·彭南特海军准将指挥的登陆部队"G"编队到达换乘区。5 时 45 分开始进行舰炮火力准备，驱逐舰、火炮登陆舰和火箭艇猛烈的炮火使德军岸炮连的还击显得非常虚弱。由于登陆地"金"海滩的卡尔瓦多斯礁脉在低潮时是露出水面的，所以登陆必须在涨潮后的 60 分钟内完成，这样登陆时间就定为 7 时 25 分，也就使英军的火力准备时间比较充足，舰炮火力准备长达 100 分钟。持续而猛烈的炮击收到了良好的效果，德军几个主要支撑点都被摧毁。

5 时 42 分，在忙于登陆的舰船中，突然听到"轰"的一声，顿时火光冲天。原来 1261 号钢壳猎潜艇触雷沉没了。15 分钟后，579 号坦克登陆艇在驶往绿滩的途中也触雷沉没了。

5 时 50 分，德军一个尚没被摧毁的岸炮连突然向盟军的驱逐舰"菲奇号"和"科里号"开火。2 艘驱逐舰的周围顿时掀起了十多个巨大的水柱。20 分钟后，德军圣瓦斯特的大口径炮连对正在离海岸 3100 米处扫雷的一艘扫雷艇进行猛烈射击。英军的轻型巡洋舰"黑三子号"立即还击，把德军炮连的火力引向自己，那艘扫雷艇才得以继续扫雷。

5 时 36 分，德军的重型炮弹开始落在盟军的各重巡洋舰附近。此时，随着各运输登陆艇的临近，盟军编队司令决定实施预定的舰炮火力准备。一时间，各舰同时向其指定的目标开火。

6时10分，盟军支援飞机按计划开始在"U"编队与海岸之间施放烟幕，但是负责掩护"科里号"的那架飞机被德军防空炮火击中，拖着一道浓烟坠落海中。"科里号"战舰因无烟幕掩护，成了德军几个岸炮连集中射击的目标。为躲避德军炮火的攻击，"科里号"在狭窄的水域内尽快地进行机动航行，并不停地射击。没过多久"科里号"就碰上了一枚水雷，舰身中部突然"轰"的一声燃起了大火，很快倾斜沉没了。此时，其他的扫雷舰艇正紧张地在换乘区、上陆通道、火力支援舰只的接近航道和火力支援区内开始扫雷。

盟军登陆输送编队陆续到达指定海域，盟军分别在离岸7海里和11海里处建立了换乘区，在灯标的指引下沿着清扫过的航道各就各位，陆续放下小舟。18万登陆部队准备就绪，等待着换乘时刻的到来。换乘开始，被选定为换乘区的水域位于靠海一面约10公里处，距离海滩高潮线19公里，盟军登陆部队从输送的舰船换乘到登陆用的小型冲击艇上。

美军运输舰在浪头高达6米的波涛中抛锚。下降的铁锚链条在链管中发出震耳的嘎嘎声，然后是铁锚投入英吉利海峡黑色水面所激起的水声。20艘悬挂于吊架上的小型登陆冲击艇中，坐满了等待登陆的士兵们。小艇离水面很高，不停地在空中晃动。忽然，舰上的扬声器不停地广播道："放艇!"于是，吊艇架的绞车嘎吱嘎吱地响了起来，小艇开始下放。

美军选定的登陆滩头，沿科坦丁半岛东海岸下半段向东延伸到贝辛港以东，分别叫"犹他"滩头、"奥马哈"滩头；英军和加拿大军队选定的登陆滩头，则从贝辛港一直向东，延伸到乌伊斯特勒昂，分别叫作"金海滩""朱诺滩"和"剑海滩"，每条登陆线的长度均在45公里左右。美军的攻击任务由布莱德雷中将指挥的第一集团军担任；英、加军的攻击任务由登普西中将指挥的第二集团军担任。整个"霸王"作战由盟军最高统帅艾森豪威尔将军委托英国陆军元帅蒙哥马利直接指挥。登陆作战中最为激动人心的突击登陆阶段就要开始了。

◎ 突击登陆，勇者胜

6时17分，美军第一步兵师、第二十九步兵师一部抵达"奥马哈"海滩的西部。"奥马哈"海滩是美军第五军第一步兵师和第二十九步兵师登陆的海滩。他们由美国海军少将霍尔指挥的"O"编队负责遣送。"奥马哈"海滩宽6.4公里，两端各有一道高达30米的悬崖峭壁俯视着滩面。滩面有一段很长的坚硬的沙质岸坡，岸坡尽头是陡峭的鹅卵石边岸，大部分边岸后面筑有防波堤。少部分边岸后面虽然没有防波堤，但都是柔软的沙丘，车辆无法通过。

"奥马哈"离岸不远还有一块海拔45米的高地，俯瞰着滩头。整个滩头一共只有4道狭隘的河谷可供车辆开上这块高地，而每道河谷内横亘着一条注入大海的溪流。在这些天然屏障的后面，是一片沼泽地，只有一条铺石公路和几条马车路从中穿过。这个滩头是德军异常坚固的防御地带，这里的海滩靠岸的一半密集地设置了3道水下障碍物：第1道是"比利时牛棚门"，这是设置在水中的一种2×3米的钢质构架，上面几乎挂满了饼状水雷；第2道是纵深达 2.4 ～ 3 米的木质或混凝土的水中拒马，其中三分之一挂有水雷；第 3 道仍然是带角钢质的拒马，全部挂有水雷。另外，在平坦的沙滩上密布着反坦克壕和地雷，并且在每条通路两侧都有大量的火力点，尤其是俯视着海滩的那块高地上，有数不清的火力点和防御哨所。

德军在海岸边上的一些散落小村内埋有重兵，后面是一大片洪水。登陆部队即使越过水中 3 道障碍物，要想向滩头进发，还得穿过德军层层设下的布雷区、反坦克壕沟和楔形混凝土障碍物、有刺铁丝网及相互交叉掩护的密集据点。并且，盟军对敌情的掌握是错误的。盟军情报部门一直认为防守在这里的德军是战斗力很差的海防第七一六师，而实际上扼守这些防御工事的德军部队是刚从别处调来的一个战斗力强悍的精锐机动师 —— 第三五二师。

德军在沿海海底设置了众多障碍物，使得盟军许多满载士兵的小艇无法继续前进，不得不停滞在海上。盟军舰艇在德军猛烈的炮火下，纷纷中弹起火，28 辆水陆坦克刚开上海滩就遭到德军的炮火反击。盟军有 2 辆坦克登陆艇被德军炮火击穿，9 辆坦克起火。东段比西段更惨，指定在东段登陆的 32 辆坦克只有 5 辆上了岸，盟军相当数量的坦克沉入海底。

这天能见度很差，盟军进攻前的飞机轰炸和舰炮轰击，未能压制住这一登陆点的德军防御火力点，一些登陆艇操作员因心急、慌忙，发射出的一排排威力强大的火箭炮弹并没有准确落到德军阵地上，而是在突击部队前面的浅滩上爆炸了。

盟军一些登陆艇穿过巨浪，颠簸着驶抵海滩。第一批步兵由于晕船而被折腾得够呛，全身无力。负载沉重的步兵跌跌撞撞地走下船来，跳到水中，随即遭到德军炮火的猛烈袭击。

已死的、垂死的和负伤的士兵横七竖八地布满了海面。有些士兵设法躲在滩头的障碍物后面，才免于一死。

在西西里岛登陆战建立奇功的美军第一步兵师冒着德军的炮火继续向海岸挺进，后续部队的士兵们在 1 ~ 1.2 米深的水中冒着德军密集的炮火顽强地向前冲击。他们越过海水中已经战死和负伤挣扎的战友，隐蔽在前面行驶的坦克后面，编成纵队，向岸上扑去，许多士兵死在德军的枪口下和不断上涨的潮水里。负责开辟通路的 14 个水下爆破队以伤亡 52% 的沉重代价开辟出了 5 条通路和 3 条不完整的道路，但又没有标示出来。然而，第一步兵师仍然异常顽强地继续向海岸冲去，各突击艇波基本上都在按 10 分钟的间隔前仆后继地向岸上冲去，在海军舰艇的强力支援下，一步步向前推进。

在西部登陆的美军第一一六团 A 连伤亡 66%，E、F、G 三个连几乎全部阵亡；在东部的第十六加强团情况更不好，本应在 E 红滩登陆的 E、F 连却登上了 F 绿滩，而本该在下绿滩登陆的 I 连却跑到了根本不打算用的 F 红滩。这里的伤亡惨不忍睹，该团 E 连连长及 104 人全部阵亡，而原有 180 人的 F 连仅有 2 名军官幸存。不过，也有一些士兵幸免于难，他们的登陆艇由侧风所致，稍稍偏离了原定的滩头，停靠在一片硝烟弥漫的海滩上，结果差不多有整整一连士兵爬上了防波堤，很快就设法穿过了布雷区。不久，一支突击队随后赶到，步兵的力量得到了加强。200 名左右的士兵在千钧一发之际赶到高地，及时打退了反扑的德军。

盟军海上炮击使德军防御设施和岸上的矮树丛纷纷起火，大约 2 个营的美军在浓烟的掩护下登上了滩头。一些士兵趁德军来不及用密集的炮火封锁前进的道路，就抢先冲了过去。滩头上，载有部队、大炮、车辆的登陆艇源源不断地涌来。炮弹在他们头上纷飞爆炸，德军机枪对准他们疯狂扫射，登陆艇和车辆纷纷起火，弹药频频爆炸，登陆士兵似乎已无逃生的希望。盟军战士很快就从手足无措的惊恐状态中清醒过来，挺身而出。他们编成若干小队，尽管牺牲很大，最后还是在炮火连天的布雷区中夺路而过，向最近的防御工事发起攻击。一些士兵在驱逐舰炮火的掩护下向"金"海滩进发。

首批在滩头突击登陆的团有些顶不住了。垂头丧气的部队被困在布满尸体和船体残骸的滩头。团长泰勒上校对士兵们说："这个滩头上只会留下两种人：已经死的和快要死的，现在让我们冲出这个鬼地方！"听了团长的话，战士们的士气又逐渐振作起来。士兵们临时编成若干支小部队，果断地向外突围。他们且战且进，一鼓作气打到并冲过了科勒维尔。从德军手中夺得的那块小得可怜的只有数百米的滩头阵地始终处于极度的混乱之中，而发起决定性强大攻势所必须的装甲力量和大炮还没有冲过德军的封锁。

为了扭转不利局势，美军第一步兵师师长许布纳将军孤注一掷，要求驱逐舰冒着杀伤自己人的危险，向德军炮群和火力点抵近射击。德军士兵被迫举着双手从工事中走了出来。美军步兵在由登陆艇送上岸的两栖坦克的支援下，开始向内陆进军，这样工兵就能集中力量扫清雷区了。于是，这个由许多身经北非和西西里岛登陆战役的老兵组成的美军第一师主力从狭窄的滩头阵地列队出发。第二梯队的 B 编队于下午赶到，美军的进攻力量得到了加强，情况大为好转。

◎ 激战"奥马哈"滩头

黄昏时分，美军终于在"奥马哈"滩头阵地为军车开辟出一条道路。这时，一些坦克和自行防坦克炮轰鸣着穿过雷区，向附近内陆设有重防的村落发动进攻。天黑时，部队前出纵深达 1.6 ~ 2.4 公里，虽然没有达到预定目标，但终于突破了德军的"大西洋壁垒"。

"奥马哈"滩头霍克角战斗异常激烈。霍克角是一个钝三角形的海角，屹立在狭窄的岩岸上，高达 35 米，位于"奥马哈"最西的一个登陆点以西约 5.6 公里的地方。德军在这里配置了一个 155 毫米的岸炮连，有火炮 6 门，其中 2 门有带掩盖的永备工事，还有混凝土的观察测距台。这些海岸火炮的射程都能达到 22500 米，它们控制了美军"犹他"和"奥马哈"两个登陆地段。德军作战计划人员中没有一个人相信美军会在这里登陆成功，除非霍克角被压制或者被占领。

盟军陆军航空兵第八和第九轰炸机司令部从 4 月 14 日以来曾三次轰炸

霍克角。在6日6时30分之前，盟军"得克萨斯号"战列舰又对其发射了250发炮弹。"萨特利号"和驱逐舰"塔利邦特号"参加了在6时45分结束的对霍克角的最后射击。

"奥马哈"滩头红滩登陆指挥所

然而，无论是盟军高级将领，还是前线指挥官，谁都不敢设想这些轰炸和射击会使德军的岸炮完全失去效能，因此在战前就计划，在登陆的同时对霍克角实施一次特遣突击。美军第一集团军司令布莱德雷将军考虑到这次突击任务是他的部队所执行过的任务中最艰巨的一次，几经考虑最后决定把这个任务交给第二别动营。全营200名士兵由美国陆军拉德中校指挥。特遣突击计划规定，别动队的任务是从一处由几个机枪阵地掩护的坎坷不平的鹅卵石海滩登陆，然后攀上一处有 10 层楼房高、几乎垂直的崖壁并迅速占领那里的岸炮阵地。

当这个突击计划送到霍尔将军的指挥部时，他的情报军官说："不能这样做，就算 3 个拿扫帚的老太婆站在上面也完全能够阻止别动队员攀上崖壁。"

为了能够登上那个崖壁，在拉德中校的监督下，6 艘突击登陆艇安装了 3 对火箭筒。发射的火箭能把攀登绳索带到崖壁上。第 1 对火箭携带的是近 2 厘米粗的普通绳索，第 2 对火箭携带的是有手握套环的同样粗的绳索，第 3 对火箭携带的是绳梯。每根绳索或绳梯上都装有小锚钳，以便牢牢抓住崖壁。突击登陆艇还携带了轻便的拆卸式的梯子，可以很快接到 33 米的高度，同时还有 4 辆水陆汽车，车上装备了从伦敦消防队借来的 30 米长的消防梯。这些器材曾经在英国斯沃尼奇附近的一个相似的崖壁上进行过试验，被证明是可以使用的。试验时，美军"萨特利号"驱逐舰同别动队员们一起进行了训练。该舰配属给这支别动队，以提供火力支援。

另外一个舰炮火力岸上控制组被派去同他们一起攀登悬崖，以便协调指挥舰炮火力。别动队员们自信满满：一定能攀上霍克角，并能在德国人醒来前拿下大口径火炮阵地。别动队员们乘坐英国的步兵登陆舰"阿姆斯特丹号"和"本·迈·克里号"渡过英吉利海峡，而后换乘 12 艘英国突击登陆艇。美国的 46 号坦克登陆艇携带 4 辆水陆汽车。英国的 91 号和 102 号登陆支援艇和英国的 304 号巡逻艇为这次登陆护航。

然而，从换乘区开始，突击登陆艇一路上灌进了很多海水，别动队员们不得不用他们的钢盔把水舀出艇外。一艘运送部队的小艇沉没了，人员都被救出。一艘运送补给品的突击登陆艇连同全体艇员一起沉没了。担任向导的英国巡逻艇的艇长将珀西角误认为霍克角，幸亏在尚未到达珀西角前，102号登陆支援艇上的拉德发现了这一失误，转向霍克角行驶，并命令所有小艇跟上。这一失误迫使他们要在紧靠悬崖和遭到德军机枪射击的情况下，逆风冲过珀西角附近的急流。这个时候，英军驱逐舰"塔利邦特号"赶来增援。

6时30分，即原定的"H时"，美军第四步兵师官兵涉水90米后准时登陆。奇怪的是，他们既没有遇到拍岸巨浪，也没有遭到德军的攻击，呈现在眼前的是一片静静的沙滩。美军上岸后马上发现原来这里根本不是指定的登陆点，而是向南偏了1800米。登陆部队爬上前滩，前进了450米，仅遇到一些零星炮火的袭击，这不禁让他们又惊又喜。原来，这个滩头的后面是一片无边无际的洪水，德军认为盟军绝对不会在这儿登陆，因而部署在这个滩头的德国兵战斗力比较差，并不像驻守其他防线的部队，都是些坚忍顽强、训练有素的作战人员。

此时，许多德军守卫被震耳欲聋的炮击吓瘫了，龟缩在掩体里不敢出来。这里的防御工事既少又弱，而且埋设的地雷也很少，这就使得掩体里的德国人更加恐惧。这一意外的发现，使登陆指挥官改变了原来的计划，各突击艇就在这里登陆。很快，各种涂了颜色的巨大的告示和其他表示"T绿滩"和"U红滩"的标记在这里竖立起来，这是为后续部队登陆而竖立的标志。随后，突击工兵开始排除地雷和海滩上的障碍物，为蜂拥而来的后续部队扫清道路。

坚守在大炮旁的德军看到泡沫飞溅的碎浪中冷不丁冒出了坦克，还喷吐着火焰和高爆炸药，顿时目瞪口呆了。他们虽已掉转炮口对准这个滩头进行轰击，但是潮水般的美军登陆步兵、炮兵、坦克和军车还是一波一波地涌上滩头。这些部队在两栖坦克的配合下，沿着跨越洪水区的堤道迅速向前推进。

有些堤道的出口在前一天晚上即被盟军的空降兵部队占领。到了傍晚，美军第四师以付出 197 条生命的代价挺进到卡朗坦与圣梅尔－埃格利斯之间的主要公路一线，在这里突破了希特勒自认为铜墙铁壁的"大西洋壁垒"。

德军 B 集团军于 6 日 6 时 30 分才获准出动装甲部队。当时由于轰炸，通信暂时中断，这样又过了两个小时，福伊希廷格尔才接到出击的命令。其间，福伊希廷格尔曾自做主张地派出包括由坦克组成的战斗群袭击盟军空降部队。

此时的德军最高统帅部乱成一团。西线总司令龙德施泰特的参谋长十万火急地请求希特勒批准出动党卫队第二十一装甲师和"勒尔"装甲师对付盟军的空降行动。然而，希特勒直到上午很晚的时候才得到盟军反攻的消息，因为那时他正在睡觉。最高统帅部作战局局长约德尔不愿意打扰希特勒上午的睡眠，就没敢叫醒他，以至于龙德施泰特关于盟军已经在诺曼底登陆的报告和调用后备部队的请求被耽误了。

7 时，美军驱逐舰"萨特利号"替换了"塔利邦特号"。然而，有一辆水陆汽车被击毁，两艘登陆支援艇由于逆流行驶只能缓慢前进。91 号登陆支援艇的艇艏被水淹没，艇艉翘起，螺旋桨空转。就在这时，它被机枪打得到处都是洞孔，部分艇员落水。该艇艇长用口径为 0.5 英寸（12.7 毫米）的维克斯机枪还击，并设法援救落水人员，这艘破损的小艇终于被艇员放弃而沉没。航向错误所造成的 35 分钟的迟误，使德军在舰炮火力转移以后有时间做好准备，但他们没有抓住这一稍纵即逝的良机。当"萨特利号"接近霍克角时，在甲板上清楚地看到德军正在悬崖边缘准备去追击登陆者。该舰用炮火驱散了德军，并打哑了悬崖上正向它射击的一门小炮。

二战时，英国的驱逐舰

　　7时08分，盟军全部小艇驶到"奥马哈"霍克角悬崖东面脚下的险峻岩岸。为了阻止盟军登上悬崖，崖顶上有几个德国士兵开始向下扔手榴弹，并用轻武器射击。10多名盟军士兵刚刚越过水边跑到悬崖脚下的鹅卵石海滩就被击伤了。英国304号巡逻艇为了弥补之前的错误所造成的损失，把距离推近到630米，对准悬崖边缘猛烈开火。这些火力同"萨特利号"的射击结合起来，打得德军无法进行有效的抵抗。

　　鹅卵石海滩对水陆汽车来说太陡了，它们无法架起消防梯，但突击登陆艇的火箭起了作用，除两艘外，其余各艇至少有一根射出的绳索钩住了悬崖的边缘。梯子立即被连接到一起，在半小时的登陆时间内，150名别动队员爬上了悬崖的顶端。别动队员们分成小组，呈扇形展开，迅速越过霍克角。然而，令他们没有想到的是阵地上的火炮是用电线杆做成的假炮。德军早在6日前就把火炮转移到了后方，打算在永备工事全部完工后，再把火炮放回原处。不过，德军的炮手仍留在阵地上，他们在地下挖了很多由坑道连接的小房间，既不怕飞机轰炸，也不怕舰炮射击。

德军看到盟军别动队员后，开始向他们猛烈射击。别动队员被孤立了，由施奈德上校指挥的一支数百人的增援部队已经做好准备，但因为没有人用无线电向施奈德报告霍克角上别动队的情况，他以为拉德未能完成任务，于是就按照出现不测事件时的方案，让他的人员在"奥马哈"最西边的海滩登陆。德军不断从弹坑和坑道里钻出来射击霍克角顶上的别动队员。一部分别动队员忙于肃清德军，另一部分别动队员趁机前出到格朗康通往维叶村的大路上。一个多小时后，盟军别动队的一支搜索队发现了从霍克角转移来的6门155毫米口径的火炮中的4门。它们安放在田野里，控制着"犹他"海滩，并有很好的伪装，旁边还有大量的弹药。别动队员向这些海岸炮投掷了不少铝热剂燃烧手榴弹。这些炮立即燃起了大火，随即发出了巨大的爆炸声，盟军别动队终于完成了任务。

◎ 打回祖国

7时25分，英军第三十军第五十师准时登陆"金"海滩。他们遇到的最大困难是这里的障碍物要比预想的多得多，德军在盟军可能登陆的5公里海岸上设置了不下2500个障碍物。由于潮水上涨很快，盟军清障工作开始得迟，水陆两栖坦克无法下水，因此坦克登陆艇不得不在障碍清除艇抵岸后，立即运载部队抢滩。

由于风浪太大，英军登陆指挥员临时决定水陆两栖坦克不下水，部队由坦克登陆艇直接送上滩头，这就避免了美军那样的损失。德军支撑点的火力只能纵向射击海滩，无法向海上目标射击，就使得英军登陆部队抢滩冲击时没有遭到炮火攻击，而英军冲上海滩进入德军炮火射界后又得到水陆两栖坦克和特种坦克的有力支援，顺利控制了登陆场。在抢占登陆场的过程中，特种坦克发挥了非常大的作用，迅速清除了德军设置的大量障碍物，为步兵的推进创造了有利的条件。

英军的推进非常顺利，直到勒阿米尔村才遭到较顽强的抵抗，步兵被德军纵深火力所阻，难以向前推进。这时英军3辆用于充当开路先锋的"巨蟹"扫雷坦克在登陆后的战斗中1辆被毁，1辆陷入沼泽，仅剩的1辆开上来一直突入村内将德军火力摧毁，为步兵扫清了障碍。英军在其他地方，就像演习一样顺利。到11时，英军第二梯队第七装甲师开始登陆，海滩上已由特种坦克开辟出7条通路，所以英军的推进顺畅无阻。12时30分，第五十师集中两个主力旅并肩向内陆进攻，于当晚21时占领阿罗门奇，与在"朱诺"海滩（"金"海滩以西7公里处）登陆的加拿大军队会合，将两个滩头连成一片。至此，英军第五十师完成了预定任务，占领了纵深约8公里的登陆场，当天有3.5万人登陆，伤亡1500人。

与此同时，盟军加拿大第一军第三步兵师第七十九装甲师的一个特种坦克旅奉命在"朱诺"海滩登陆，由英国海军"J"编队负责于4时30分将其运送到换乘区。由于天气恶劣，加上导航错误，使登陆时间比预定时间推迟了20分钟，这就意味着登陆将错过合适的潮汐，不得不在涨起的潮水中进行。登陆艇被迫在被潮水淹没的障碍物之间卸下人员、车辆和物资，幸运的是在登陆时损失并不大，但不少登陆艇在卸载完成后返航时被布设在障碍物中的水雷炸沉，其中运送一个营的24艘登陆艇被炸沉20艘，损失率高达83%。由于在航空火力和舰炮火力准备时天气变得恶劣，所以盟军火力攻击对德军防御工事破坏不大，当加军步兵登陆后，遭到了德军火力的压制。

这个时候，盟军舰炮及时赶来增援，加上水陆两栖坦克的积极配合，终于突破了德军防线，并取得了一定的进展。只是运送工兵的登陆艇很晚才到，排除水下障碍物的工作直到高潮过后才开始，这样使得海滩上通路很少，导致大量车辆拥挤在一起，后来盟军在特种坦克支援下打通了12条通路，这才迅速疏通了海滩，保障了后续部队的登陆和推进。

"朱诺"海滩登陆战伤亡最大的是英国海军陆战队第四十八登陆突击队，他们的任务是打通与东侧"剑"海滩上英军的联系。由于第四十八登陆突击队搭乘的登陆艇是木制的，撞在障碍物上损坏严重，队员们只好在深水区就跳下登陆艇泅渡上岸，结果有很多队员因所携装备太重而溺水身亡，好不容易上了岸的队员又遭遇德军机枪的疯狂扫射，伤亡惨重，队员最后借助坦克支援才在海滩东侧抢占了立足点。傍晚时分，加军先头部队推进到内陆11公里处，甚至有些装甲部队已到达贝叶－岗城公路，只是没有步兵伴随掩护又退了回来。当日日终，加军已推进到距卡昂5公里处，并与英军的"金"海滩连成一片，使两个登陆场合二为一，形成正面19公里、纵深10公里的大登陆场。登陆第一天，加拿大军队从"朱诺"海滩登陆2万人，伤亡2000人。

盟军登陆欧洲大陆

6日7时30分，英军第一军第三师第一梯队（仅1个旅）奉命登陆"剑"海滩，由英国海军塔尔博特少将指挥的"S"编队负责于4时30分将其运送到换乘区。5时30分，德军从勒阿弗尔出动4艘鱼雷艇攻击了"S"编队，击沉了挪威驱逐舰"斯文内尔号"。由于英军航空火力和舰炮火力准备十分有效，加上第一梯队中的40辆水陆两栖坦克有32辆顺利上陆，为登陆部队提供了有力的火力支援，登陆部队进展十分顺利迅速，几乎没遇到多少顽强抵抗。10时，第二梯队旅登陆，13时，第三步兵师的预备队旅登陆。除了最初的轻微伤亡外，一切顺利得出乎意料，反倒使预计在海滩上浴血奋战的士兵不知所措，他们没有乘胜前进，而是停下来挖壕固守。只有第一特种勤务旅继续向前推进，很快占领了考勒维尔，并在13时30分到达奥登河，与英军第六空降师会合。15时50分，"S"编队司令塔尔博特少将上岸视察，发现海滩上人员和车辆秩序混乱，随即命令海滩控制组上岸整顿海滩秩序。21时，英军第三师推进到内陆6.4公里，并夺取了贝诺维尔附近的奥登河上的桥梁，与第六空降师会师。

编入英军第三师的171名自由法国士兵成为第一批解放自己祖国的武装人员。当这些法国士兵坐在坦克上用纯正法语向路边的居民问好时，令在德军占领下饱受数年苦难的民众大为惊喜。盟军在法军登陆的消息不胫而走，他们在沿途都受到了极为热烈的欢迎，其热情程度甚至影响了部队的推进。

◎ 历史上最长的一天

6日中午，丘吉尔请求英国议会下院"正式听取有关亚历山大将军指挥下的盟军部队业已解放罗马的报告"，这条新闻前一天晚上就已经发布了。下院对于在法国登陆一事颇为兴奋，都想知道正在进行中的登陆战的消息。然而，丘吉尔却花了10分钟大谈意大利境内的战事，赞扬那里的英军部队。正当议员们处于焦急不安的时候，丘吉尔话锋一转：

我要对本院宣布另一件事：就在昨晚和今晨，我们已在欧洲大陆开始了一系列大规模登陆行动中的首个行动。这次解放性的登陆行动以法国海岸为目标，一支拥有4000艘以上舰艇、连同几千艘较小船只的庞大的舰队渡过了英吉利海峡。密集的空降着陆行动已经在敌人战线的后面成功实现。这个时候，英勇的战士们正在各个地段抢滩登陆。敌人沿岸炮台的炮火大多已被我军压制。敌人在沿海构筑的一些障碍物并非想象中的那样难以摧毁。我们有 1.1 万架飞机随时待命，一旦战事需要可以随时调用。

当然，我还不能深入细节，因为战地报告正源源不断送来。目前为止，前线作战的司令官们报告：“一切都在按计划进行，真是一个伟大的计划！”这个超大规模的军事行动无疑是空前困难和复杂的。从海空作战的观点上来看，它牵涉潮汛、风向和能见度等许多问题，还涉及海陆空三军在过去和现在都不能完全预见的情况下，高度地密切配合的问题。

一次真正的战术突袭已胜利在望，我们希望继续给敌人以出其不意的袭击。已经开始的这场登陆战役在今后好几个星期内，规模和激烈的程度都会不断地升级。在这里，我不想就它的发展妄加揣测，但是，我不妨说这样一句话：我们的盟军部队是团结一心的。

我们与我们的美国朋友之间存在着深厚的战斗情谊。对盟军最高统帅艾森豪威尔将军及其副手们，对远征军司令蒙哥马利将军，是完全信任的。这几天登船出发的部队，我亲眼所见，热情和士气非常高。在装备、专门技术和事先筹划等各方面所能做的事没有一项被遗漏，而且司令官们及其所服务的英美两国政府都以最大的决心来完成开辟这个伟大的新战场的全部工作。

盟军在诺曼底成功登陆后，深受德国人信赖的英国间谍切尔尼亚乌斯基向德国驻法国间谍机构头目雷尔发去一份电报：“今天，我亲眼见到了艾森豪威尔将军。”根据这份情报，德军认为盟军在加莱海峡准备了更大的登陆行动，诺曼底登陆只是一次小规模登陆行动。半小时后，一份报告送到了希特勒的案头，希特勒也认为盟军准备在法国北部的加莱实施大规模登陆。隆德斯坦特将军多次想调集法国北部的兵力救援诺曼底，均被希特勒制止。

希特勒命令在白天侦察弄清形势之前禁止动用两支战略预备队。他认为，盟军对诺曼底的空降袭击只不过是牵制德军后备兵力的佯攻，而主要的海上入侵将在塞纳河以北一带发起。不仅希特勒本人，就连最高统帅部和隆美尔也都持有这种观点，甚至在盟军战舰众炮齐轰诺曼底海岸的时候，他们仍然固执己见。

由于德国人在这种突然袭击面前被吓得惊慌失措、混乱不堪，所以绝大多数盟军空降部队没有遭受猛烈的进攻。法国地下抵抗组织的战士们纷纷从隐藏的地方冲出来，剪断了诺曼底一带所有的电话线，致使驻守德军孤立无援，无法聚集他们的装甲部队迅速进行有效的抵抗。

与此同时，丘吉尔致电斯大林，简要通告了诺曼底的登陆行动：

一切进行得非常顺利。水雷、障碍物和地面的炮台大多已被清除。空降非常成功，且规模很大。步兵登陆进展迅速，许多坦克和自行推进火炮已运上岸。气象预报天气在转好。

斯大林当即回电，表示祝贺并向丘吉尔通报了苏联红军的最新进展情况：

来电收悉，得知"霸王"作战行动已经开始，进展非常顺利，我们深感欢欣，并祝愿取得更大的胜利。按照德黑兰会议协议所实施的我军夏季攻势，将于6月中旬以前在前线某一重要地段开始。

我军的总攻将随着部队陆续转入进攻而逐步展开。从 6 月底到 7 月间，各进攻行动将汇成总攻势。至于攻势行动的进展情况，我当及时奉告。

诺曼底登陆的第 1 天，盟军各登陆部队的进展态势尽管不能完全按预定计划实施，但是计划的每个重要的部分都已完成。盟军在"犹他"海滩、"奥马哈"海滩、"金"海滩、"朱诺"海滩、"剑"海滩等 5 个海滩共登陆 132715 人，车辆 1.1 万辆，物资 1.2 万吨。盟军伤亡 9000 多人，其中阵亡 3000 多人。

美军方面，第八十二空降师损失了 1259 人，第一〇一空降师损失了 1240 人。在"犹他"海滩，第四师损失了 197 人；在"奥马哈"海滩，第一师和第二十九师损失超过 2000 人。英军和加军方面，第六空降师在头两天的战斗中损失了 800 多人。在"金"海滩的第五十师等损失了 400 多人；在"朱诺"海滩的加拿大第三师损失了 961 人；在"剑"海滩，英国第三步兵师损失了 630 人。盟军海军在登陆当天，因德军的海岸炮和水雷共损失驱逐舰 4 艘，护卫舰、炮舰、扫雷舰各 1 艘。

然而，形势并不乐观，盟军没有完成当日任务，没有占领预定占领的地区，尤其是没占领卡昂和贝叶，而且在 5 个海滩中，只有"金"海滩和"朱诺"海滩连成一片，其余海滩之间存在不小的间隙，特别是美英两军之间还有达 12 公里的空白地带。只有顶住了德军随后的反击，进一步将 5 个滩头连成一片，扩展成统一的登陆场后，才算是获得了真正的胜利。6 月 6 日这一天，被隆美尔元帅预言为"决定性的 24 小时"，而被艾森豪威尔将军称为"历史上最长的一天"。

第六章

激战全面展开

美、德双方展开了一场激烈的炮战，岸舰之间弹如飞蝗，空中、海上和陆地能看见的只有炮火的闪光、冲天的水柱和滚滚的浓烟。瑟堡海面的炮战越来越激烈，虽然有些舰只已经受到不同程度的创伤，但整个火力支援队在校射飞机的协助下却越战越勇。

◎ 失去往日威风

6月7日清晨，盟军陆军总指挥蒙哥马利乘英国军舰"福尔克诺号"越过英吉利海峡来到诺曼底海滩英军作战区。登陆后，蒙哥马利立即在卡昂以西10多公里的克鲁利成立了作战指挥部。他代表艾森豪威尔将军统一指挥英、美两国地面部队的作战，当前的任务是扩大滩头阵地。

蒙哥马利顾不上休息即乘船向西进入美军作战区，登上美国海军"奥古斯塔号"，与先前来到的美军第一集团军司令布莱德雷将军会晤。双方讨论了东翼"奥马哈"海滩的作战情况，并制订了解决办法。不久，传来了"奥马哈"海滩情况好转的消息。布莱德雷立即上岸，前去指挥进一步行动。

中午时分，丘吉尔给斯大林发去一份电报，比较全面地向苏联最高领导人通报了诺曼底登陆的进展情况：

截至今天（7日）中午，对于诺曼底的局势，我非常满意。仅有一处美军登陆的海滩遭到德军强烈的抵抗，不过现在已完全解决了。

我们两万人的空降部队已在敌人战线的两翼后方安全着陆，并已分别同美、英两国的登陆部队取得了联络。登陆期间，我们的部队仅遭到一些轻微损失，原来预计要损失 1 万人。预计到晚上，我们 25 万部队中的绝大部分，包括相当数量的装甲部队，有望一并登陆，或由特种舰艇运送或自行泅渡上岸。自行泅渡上岸的装甲部队损失很大，尤其是美军战线方面，巨浪掀翻了好多水陆两栖坦克。我们预计敌人会组织强大的反攻，但是我们希望在装甲部队力量方面能够强过敌人，云雾一散，我们当然会在空中占压倒性的优势。

就在深夜，靠近卡昂的地方，我们刚登陆的装甲部队与隶属于敌第二十一装甲步兵师的 50 辆坦克交火，最终敌人败退而走。我第七装甲师的兵力正在源源不断地投入战场，我们的兵力会在几天内占有优势。当下的问题是：下周，敌军可以派出多少辆坦克同我们周旋？海上的天气情况，看来不会对我们的继续登陆造成任何阻碍。的确如此，天气似乎比以前好了很多。所有司令官深信，在这一次的实际登陆行动中，各种情况都比我们预料中的好。

以下内容绝密：我们计划在塞纳河口广阔多沙的海湾沙滩上快速建造两个大型人造港。如此超大规模的海港是绝无仅有的。大型远洋轮船可以在这样的港口内卸货，为战斗部队输送给养。如此港口，敌人是绝不会想到的，我们盟军的集结可以照常进行，不受天气变化的影响。我们希望在这次军事行动中能及早占领瑟堡。

与此同时，敌方也正在迅速集结重兵，激烈的战斗将继续展开，而且规模会越来越大。就算如此，我们仍希望到进攻发起日后的第 30 天，有大约 25 个师及军直属部队可以摆开阵势，使第二战线的两翼都靠近海岸，且至少有 3 个良港，即瑟堡加两个人造港。这条战线将源源不断得到补充和扩大，希望以后能将布雷斯特半岛也包括进去。然而，上述情况还要视战争的风险而定，关于这一点，斯大林大元帅，相信你比我清楚。

我们希望这次登陆行动能够彻底成功以及在罗马取得胜利，而这些胜利的果实有待于从已被截断去路的敌人手中摘得，它将会给你们那些曾经不得不承担敌军全部压力的英勇战士以鼓舞。对于这副重担，除了贵国，谁也没有比我们更清楚了。

在我口授电文的时候，正好收到你祝贺"霸王"作战行动顺利展开的来电。你在电报中谈到贵军的夏季攻势。为此，我向你及你领导下的军队表示衷心的感谢。我想你一定注意到：我们从来没有向你提过任何一个问题，因为我们对你及你的国家、你的军队是完全信任的。

7 日下午，艾森豪威尔在盟军海军司令拉姆齐的陪同下，搭乘驱逐舰抵达诺曼底，视察登陆滩头，并同蒙哥马利、布莱德雷等高级将领讨论战况。他认为，在"犹他"海滩和"奥马哈"海滩之间的卡朗坦河口留下一个大缺口，是个严重的隐患。鉴于此，艾森豪威尔决定改变原定计划，命令美军第五军和第七军暂不急于攻占瑟堡，而是趁德军没组织反击的有利时机，抢先封闭这一缺口。英军肃清海滩附近的残余德军，进一步巩固登陆场。英军当天便攻占了巴约。

与此同时，美军开始实施建立人工港的"桑树"计划。美军人员在乱成一团的海滩上勘察，在海面上设立标志标明各部件应该沉放的位置。当天下午，第1批准备下沉作为"醋栗树"防波堤的船只抵达。冒着德军不断射来的炮弹，当天有3艘船沉放在指定位置。次日，供"桑树A"计划用的巨大的混凝土箱"凤凰"，也按计划开始被运到"奥马哈"海面，被立即沉到指定位置。截至10日，美军地段的防波堤竣工，形成了一个2平方海里的港区。

同一天，希特勒将西线装甲集群的5个装甲师的指挥权交给隆美尔，隆美尔决心凭借这支精锐部队发动反攻。面对严峻的局势，隆美尔不得不把反击的第一个目标定为先阻止盟军将5个登陆滩头连成完整的大登陆场，再对卡昂和瑟堡展开反击。可惜这支装甲部队从100～200公里外赶来，一路遭到盟军猛烈的空袭，根本无法成建制投入作战，即使零星部队到达海滩，也在盟军舰炮的轰击下伤亡惨重，完全失去了往日的威风。

德军在抗击登陆盟军的同时，想方设法地阻止盟军增兵。为此，德国西线海军司令部制订了如下计划：（1）驻瑟堡的第五和第九鱼雷艇支队执行在登陆地域内布雷和鱼雷攻击任务，尤其是在美军地段；（2）驻布洛涅的第二和第四鱼雷艇支队在韦斯特朗附近布雷并在东部海军特混舰队活动区进行鱼雷攻击，方便时可从勒阿弗尔和瑟堡出发；（3）驻奥斯坦得（比利时）的第八鱼雷艇支队在海峡东部巡逻。另外，德军还掌握着一种秘密武器——水压水雷，当时盟军还没有办法对付这种水雷。

盟军针对本次作战舰船多而集中、机动范围小且占有空中优势等特点，决定采取固定的防御体系：（1）朴茨茅斯和普利茅斯海军军区、多佛尔海军军区共同负责警戒英吉利海峡；（2）东、西两个特混舰队分别负责各自的登陆地域侧翼的警戒，这两个特混舰队的司令又在各自的警戒区内划分了若干分区和警戒线。

此时，对盟军增兵行动最大的威胁是德军 E 级艇和潜艇在夜里的攻击及水压水雷的破坏。盟军船只受损的消息不断传来：7 日夜到 8 日晨，从瑟堡出航的德军第九鱼雷艇支队的 E 级艇攻击了由坦克登陆艇和大型步兵登陆艇组成的船队，2 艘坦克登陆舰被击沉、1 艘被击伤；8 日夜到 9 日晨，E 级艇攻击了由 17 艘舰船组成的 EBC3 船队，另一群 E 级艇攻击了 ECMI 船队，2 艘坦克登陆舰被击沉；9 日夜到 10 日晨，E 级艇击沉了满载弹药的英国近海船；10 日夜又有 2 艘拖船被击沉，1 艘护卫舰舰艄被炸掉。德国海军 E 级艇的疯狂进攻对盟军的登陆构成了巨大威胁。

◎ 硝烟中，丘吉尔踏上诺曼底

6月8日，盟军后续部队开始登陆，空降部队攻占了登陆场内的机场、港口、城镇与交通枢纽，支援第二梯队登陆，连接与巩固登陆场。后续军团在第一梯队夺取并巩固登陆场后，从占领的港口登陆，迅速准备陆上进攻战役。

这时，德军为了摆脱被动局面，不断增兵诺曼底。德军的3个装甲师向卡昂地区的英军与加军接合部发起猛攻，遭到英军反坦克炮和海军舰炮联合抗击，损失非常大。至此，隆美尔和龙德施泰特才明白以现有兵力根本无法消灭登陆的盟军，于是下令转入防守。到了这个时候，希特勒、龙德施泰特、隆美尔等人仍然认为，加莱才是盟军的主攻方向，诺曼底只是次要方向，盟军只是在进攻之初故意把诺曼底搞得如此热闹。在错误的判断下，德军的反登陆作战就更加被动。这一天，"奥马哈"海滩的美军与"金"海滩的英军取得了联系，初步封闭了两地之间的缺口。3天时间，盟军登陆25万人、2万车辆。

在诺曼底登陆的美军士兵

　　6月9日，斯大林致电丘吉尔，对英美盟军的顺利进展表示祝贺，并通报了苏联红军夏季攻势开始的时间：

　　6月7日来电收悉，承蒙告知"霸王"作战行动顺利展开的情形。我们向你及英勇的英美军队致敬，并热烈预祝你们取得进一步的胜利。

　　我们夏季攻势的准备工作即将结束。明天，也就是6月10日，我们的夏季攻势中的第1阶段将在列宁格勒战线全面展开。

　　丘吉尔马上将苏联红军的这一情况转告给美国总统罗斯福。

　　希特勒在德军西线集团军群总司令龙德施泰特的极力要求下，同意从驻加莱的第十五集团军抽调 17 个师增援诺曼底。然而，受盟军"卫士"计划的影响，同时在最高统帅部总参谋长凯特尔、最高统帅部作战局局长约德尔、西线情报处处长罗恩纳等人的反对下，希特勒还是于午夜时分下令停止增援诺曼底，并将其他地区部队火速调往加莱。龙德施泰特闻讯仰天长叹："这场战争是输定了！"

就在希特勒下令停止增援诺曼底的时候，美军第二步兵师在"奥马哈"海滩登陆，第五军在得到第二步兵师的加强后，向西、南方向快速推进。

6 月 10 日，希特勒再次拒绝削减部署在法国北部的兵力。另外，他还从波兰调来两个师，用于加强加莱的防御力量。此时，盟军已经在诺曼底建立了巨大的登陆场，并向法国南部纵深发展。

与此同时，德军 B 集团军群总司令隆美尔和西线装甲集群司令施韦彭布格一致决定集中诺曼底的所有装甲部队，在第二空降军的配合下全力反击，以阻止盟军继续扩大登陆场。不料盟军的飞机轰炸了西线装甲集群司令部所在地，施韦彭布格被炸成重伤，他的参谋长和很多参谋人员丧生，使得此次反击还未实施便告失败。

这一天，丘吉尔和他的军事顾问史末资陆军元帅、帝国总参谋长布鲁克登上一艘驱逐舰，渡过英吉利海峡，前往诺曼底前线的英军滩头阵地视察。此时的英军已经深入内陆 11 ~ 13 公里。当丘吉尔一行走下军舰时，蒙哥马利满怀信心地在海滩上相迎。丘吉尔在蒙哥马利的陪同下，驱车来到法兰西这块土地。当时的炮火稀少，天气晴朗。他们看到了此地乡间一派富庶景象。田野里到处是正在晒太阳或游荡着的可爱的黄白色母牛。居民们看起来轻松多了，并且热情地向来访者招手。

蒙哥马利的司令部设在内陆约8公里的一栋别墅里，周围有草坪和湖水环绕。大家在一座面向德军的帐篷里共进午餐。

丘吉尔问："前线离这里有多远？"

"大约5公里。"蒙哥马利回答。

"此时是否有一条接连不断的防线？"首相又问了一句。

"没有。"

"那么，有什么办法可以阻止德国装甲兵突然闯进来，搅扰我们的午餐呢？"丘吉尔风趣地问道。

"我认为德国人不会来。"蒙哥马利不失严肃地回答。

参谋告诉丘吉尔，这座别墅在昨天晚上遭到猛烈的轰炸，此刻，就在它的周围有好几个弹坑。此时，除了偶尔有空袭警报和高射炮火外，几乎听不到枪声，仿佛根本没发生战争。

丘吉尔一行在有限的滩头阵地实地视察了一番，细细体味着在收复地行走的喜悦，然后搭乘"克尔文号"驱逐舰回国。

6月11日，伦敦各大报纸和电台用很长的篇幅报道了丘吉尔首相在蒙哥马利元帅陪同下的诺曼底之行。同日，斯大林回电丘吉尔表示热烈祝贺，并对诺曼底登陆战役给予很高的评价。他在回电中说：

毫无疑问，这次规模庞大的登陆行动已经全部成功了。我和我的同事们不得不承认：就其规模和宏大的布局以及杰出的执行情况来看，战争史上从来没有与之匹敌的事业。众所周知，当年的拿破仑企图强渡海峡最终落了个可耻的失败。歇斯底里的希特勒说了两年大话，总说强渡海峡，但是连一个有威胁的暗示都没有。只有我们的盟国才能光荣地胜利实现强渡海峡的庞大计划。历史会把这一业绩当作一项最高的成就记载下来。

这一天，美军第五军推进至科蒙－塞里亚－伊济尼一线，其先头部队正越过维尔河口，努力打通与美军第七军的联系。德军明白一旦这两个军会师将对自己构成极大威胁，所以全力阻止美军的行动，双方一直在激战。黄昏时分，美军第五军和第七军建立了联系。与此同时，盟军将人工港拖到诺曼底投入使用，大大提高了盟军的卸载速度。在美军地段的"桑树A"人工港，卸载车辆的速度达到每分钟2辆。在英军地段的"桑树B"人工港，物资卸载量从最初的日均600吨，提高到日均1500吨。

6月12日，美军占领卡朗坦。至此，盟军的5个登陆场连成了一片，形成正面宽80公里、纵深12～18公里的大登陆场。7天里，共登陆32.6万人，上陆物资10.4万吨，还在继续向大陆运送更多的人员、物资、装备和补给。

盟军登陆后，德军即从本土和意大利调集飞机攻击登陆滩头，只是实力相差悬殊，只能在夜间进行一些骚扰性的空袭，起不到什么作用。7天里，德军共出动战机1683架，还不及盟军一次火力准备出动的飞机架次，取得的战绩只是击沉了2艘驱逐舰和若干艘小型舰艇。曾经不可一世的德国空军在这场决定性的战略登陆战中，竟沦落到象征性地出动。

◎ 突如其来的狂风

6月13日晚，沿英国东南海岸出现了凶险的征兆。空袭警报器在多佛尔的峭壁上尖声嘶叫，防空探照灯在英国乡村的上空划出无数个光柱组成的巨大十字。随后是双筒自动高射炮的红色曳光弹，犹如喷泉，在沿海数公里长的夜空中喷射，火箭炮也同时发射。

当弹壳碎片穿过灌木丛雨点般落下时，人们发现一道亮光划破夜空——德国火箭从英吉利海峡对岸飞到英国内地。这就是德军新研制的秘密武器V-1型火箭，它是一种用弹射器发射的飞航式导弹，重2.2吨，长76米，飞行高度2000米，时速600公里，射程可达370公里，携带炸药重7吨。为了报复英美盟军在诺曼底登陆，迫使英国和谈，德国当夜首次向英国发射了10枚V-1火箭，其中一枚落在英国本土。

6月14日，根据盟军海军司令拉姆齐的要求，18架"蚊"式战斗机和335架"兰开斯特"式轰炸机空袭了在勒阿弗尔集中的E级艇，一举击沉各种舰艇 39 艘，重创 8 艘。

6 月 15 日，盟军空袭了布洛涅港。德军 E 级艇从此只能进行有限的布雷行动，潜艇在盟军强大的空中优势下只能望机兴叹。希特勒开始报复了，伦敦战区变得比任何人所能预料的更为可怕。

6 月 15、16 日，德军发射了 200 枚火箭，在飞越海岸的 144 枚中有 73 枚击中伦敦。在各种气象条件下，V-1 火箭的威胁始终存在，它的袭击给伦敦市民带来巨大的恐慌。伦敦空袭警报不停地嘶鸣，到处传来高射机枪向空中盲目射击的声音。英军防空高射机枪狂烈地射击着，防空警报器不停地响着，越来越刺耳，越来越尖厉。到 7 月 6 日为止，德军从法国沿岸各发射场发射的火箭多达 2754 枚，伦敦平均每天要承受 100 枚火箭的轰炸。

德军用火箭轰炸伦敦

伦敦和英国其他城市在二战初期曾遭到可怕的空袭，但是盟军在诺曼底登陆成功后，英国平民确实感到大大松了一口气，他们不仅期待着胜利，还希望以后再也不会遭到空袭。当德国的新式火箭开始大规模袭击伦敦时，伦敦市民的希望破灭了。令人沮丧的影响不限于平民百姓，前线的士兵也开始担心家里亲人和朋友的安全。英军当前最要紧的任务是尽快阻止德军火箭的发射，后来英国皇家空军飞临法国北部，将德军火箭储存库炸毁。到8月底，德军的V-1火箭就不再构成严重威胁，希特勒宣称的"奇迹"并没有出现。

6月16日16时30分，一艘坦克登陆舰靠上了一条刚刚竣工的罗布尼兹"鲸鱼"舟桥通道，至少有78部车辆在38分钟内通过这座桥上了岸。"桑树A"终于建成了。接着，第2条、第3条舟桥码头和外海防波堤"低音大号"陆续竣工。此时，"奥马哈"这段只能停小渔船的荒凉海滩，一跃成为法国北部最有活力的容量最大的港口。

与此同时，在英军"金"海滩登陆地段的"桑树B"同样建成投入使用，川流不息的人员、补给品陆续上岸。到6月18日日终，共有314514名人员、41000部车辆和116000吨补给品通过人工港上岸。

至此，盟军形势一片大好。

6月17日，希特勒来到苏瓦松北面的马吉瓦尔亲自会见德军西线总司令龙德施泰特和B集团军群总司令隆美尔，讨论当前的形势。开会地点是一所建筑坚固的地下避弹室。这座避弹室曾准备在1940年夏天进攻英国时作为希特勒的大本营，但是一直没有使用，如今却派上了用场。过了5个夏天，德军非但没有向英国进攻，反而遭受英国人的攻击。

希特勒冷漠地同大家打了个招呼，愤愤地说他对盟军登陆成功十分气恼，并要在场的所有战地指挥官负完全责任。他说："我命令，全体将士必须坚持抵抗，尽快收复失地！"

　　龙德施泰特和隆美尔极力向希特勒陈述德军在诺曼底撤军，若坚守到底只能白白伤亡士兵的性命。二人建议希特勒将第七军有秩序地沿塞纳河方向撤退，以免被盟军歼灭。第七军撤至塞纳河一带后，会同德军第十五集团军一起与盟军进行一场机动性防御战，这样至少会使盟军迟滞在对德军有利的一线，这样才有一些成功的希望。

　　希特勒对龙德施泰特和隆美尔的建议一点儿也不感兴趣，对其他任何建议也听不进去。特别是随机调动部队方面，他甚至不肯给这两位陆军元帅比以往更多的自由。希特勒非但对二人的忠告置之不理，反而滔滔不绝地向他们保证新的 V 型武器将对战局产生决定性的影响。龙德施泰特和隆美尔说，既然这种武器这么有效，就应该马上用来轰炸盟军入侵的海滩，或者轰炸盟军部队集结的英国南部港口。希特勒坚持集中轰炸伦敦，"以便迫使英国转向和谈"。

　　如此一来，德军防御部队只能死守着不断崩溃的防线，没有希望地坚持下去。陆军元帅和将军们只能勉强执行希特勒的命令，即必须不惜一切代价坚守卡昂－阿弗朗什一线。战场很快给出希特勒答案，他所指望的 V 型火箭，没有产生预期的那种效果。

　　6 月 18 日，美军第七军切断了科坦丁半岛，兵锋直指瑟堡。瑟堡港是盟军生命线上的隘口，必须夺取。然而，瑟堡港的德军防御强悍，所处的位置易守难攻，希特勒下了死命令，一定要守住瑟堡。瑟堡的所有德国人被编入现役，使瑟堡成为一个拥有 4 万多守军和几十个大口径炮兵连和暗堡炮连的要塞。德军在瑟堡外围形成了一条比较稳定的防线。

6月19日拂晓，一场40年来罕见的大风暴席卷了英吉利海峡，8级狂风卷着18米高的巨浪扑向盟军的人造港。最先是海峡之间的运输和卸载工作被迫中断，原来的运输洪流变成了点点滴水。暴风一来，小型水陆载重汽车像无头苍蝇一样，在近海运输船和海岸之间到处乱撞。有的舰艇被折断，有的锚链断裂，失去控制，互相碰撞。沉重的"低音大号"随风漂流，冲向下风口。事先从英国拖来的长达4公里的"鲸鱼"通道沉没，"桑树A"开始溃散。

6月20日，英吉利海峡的风暴仍然没有减弱的迹象。盟军在滩头阵地修筑的小型跑道已不能降落飞机，海上交通完全中断。这场大风持续了80多个小时，直到22日傍晚才开始停歇。据统计，总共有800艘各种舰船被刮到了岸边，其中大部分受损搁浅，4天的大风暴比德军两个星期造成的损失还要大。更为可怕的是，大风暴导致登陆部队补给品的严重不足，缺乏补给将使原定的横渡奥登河的进攻无法实施，而且使本该登陆的3个师滞留在海上，盟军的攻击规模受到限制，德军可乘机调动预备队投入登陆场作战。人工港"桑树A"已经失去了修复价值，盟军海军司令拉姆齐立即组织人员全力修复"桑树B"。鉴于"桑树A"毁于大风暴，盟军愈加感到必须马上夺取瑟堡港，因为只有这样才能尽可能不受天气的影响，使增援部队和补给品能够持续不断地得到供应。

同一天，美军有3个师推进至距瑟堡8公里处。瑟堡位于科坦丁半岛北部，是法国北部最大的港口。德军在这里筑有混凝土野战工事，充分利用河流与水渠设置了反坦克障碍，城郊部署了20个设在暗堡里的炮连，其中有15个装备口径达150毫米的重炮，这些火炮不但能向海上目标射击，还能控制内陆道路。然而，德军兵力严重不足，前一时期的战斗已消耗了大部分有生力量，城防司令施利本将军不得不将勤杂人员编到战斗部队，勉强凑够了4个团。

◎ 炮战急，谁是王者

　　6 月 22 日，美军第七军增至 4 个步兵师、2 个空降师、2 个摩托化侦察营和 2 个坦克营。军长柯林斯少将依据德军在最后一阶段的撤退速度，认为不需要舰炮火力支援也能轻松拿下瑟堡。然而，德军在撤到瑟堡市郊的防线后，便不再继续撤退，开始转入防御，决定负隅顽抗。德军环形防御是从瑟堡向西延伸 11 公里、向南延伸 6 公里、向东延伸 13 公里的弧形野战工事和筑城地带。面对负隅顽抗的德军，柯林斯不得不改变计划，请求舰炮火力支援。美国海军少将戴约指挥的第一二九特混舰队担任了攻击瑟堡的火力支援工作，该编队辖 2 个大队并配有 1 个扫雷舰大队。

　　此时，美国陆军已经推进到瑟堡近郊，第九师在左翼，第七十九师在中路，第四师在右翼。到 6 月 21 日夜间，第七军的先头部队已到达离该城约 2 公里的半圆形地带。两个海角的德军被包围在相互隔离的两个"口袋"里。

　　6 月 25 日 4 时 30 分，美军第一二九特混舰队司令戴约少将指挥的火力支援队从波特兰起航，顺利渡过海峡。第一大队于 9 时 40 分到达瑟堡以北 15 海里处，第二大队在其东边数海里处做好了火力支援的准备。美军第七军军长柯林斯生怕舰炮伤了自己的部队，所以各舰队开火前要占领近距离火力支援阵位。不但如此，各舰舰长还得到通知，中午前不得射击，除非德军向他们开火。从 12 时起，他们才可以对那些由"舰炮火力岸上控制组"指定的目标以及向他们开火的德军岸炮连射击。12 点过去了，因为没有得到指示，舰炮仍然保持着可怕的沉默，舰员们虎视眈眈地注视瑟堡。

这种沉默持续了五六分钟，瑟堡港西边的奎尔村出现了火炮发射的闪光，德军 150 毫米岸炮打破沉默，猛烈轰击了瑟堡港以北近距离火力支援区的扫雷舰，美军舰炮以极快的速度展开反击。4 艘英国巡逻艇施放了烟幕，就在德军第二次齐射激起的水柱还没有落下之前，戴约发出信号："对准正在向扫雷舰射击的敌炮连直瞄射击。"

奎尔村顿时被炮火覆盖了，一场岸舰之间的激烈炮战开始了。美国军舰一边规避德军齐射，一边在校射飞机的协助下打出一串串准确的炮火，正在进行进攻作战的美军第七军得到了及时而准确的火力支援。

美军第一二九特混舰队第二大队在转到近距火力支援区时，遭到德军猛烈的炮火袭击，他们无法按计划与第一大队会合，因此不得不去对付莱维角的德军"汉堡"炮连。这个德军岸炮连射程远、射界宽，可以对瑟堡的海上接近地进行有效射击，所以一定要打掉这个岸炮连。

随后，这里展开了一场激烈的炮战，岸舰之间弹如飞蝗，空中、海上和陆地能看见的只有炮火的闪光、冲天的水柱和滚滚的浓烟。瑟堡海面的炮战越来越激烈，虽然有些舰只已经受到不同程度的创伤，但整个火力支援队在校射飞机的协助下却越战越勇。当上级规定的 90 分钟舰炮火力准备即将结束时，戴约感到并没有达到预期效果，他不愿按规定时间撤出战斗。在与第七军军长柯林斯少将取得联系的前提下，舰炮火力支援又持续了 80 分钟。在舰炮的有力支援下，美国陆军从后面攻占了鲁尔炮台。

这一天，丘吉尔致电斯大林通报盟军最新战况：

收到贵军大规模作战行动旗开得胜的消息后，我深感鼓舞。我们当不停歇地尽一切努力，扩大战线，并保持战斗始终在最激烈的程度下进行。

美军计划数日之内占领瑟堡，占领该地后，很快就能抽出 3 个师增援我方向南的进攻。美军在瑟堡可能俘敌 2.5 万名。其间遭遇了三四天的大暴风，这种天气在 6 月份是极其罕见的，这无疑推迟了我们的集结工作，并且使我们还没有完工的两个人造港受到了巨大的损坏。我们已在设法修复和加强两个人造港。从两个海港通到内地的几条道路，眼下正被用轧路机和摊开的钢网络快速修筑。鉴于此，包括瑟堡在内，将建成一个巨大的基地，将来不管天气怎样，都能从这一基地调度大量的部队参加作战。

英军战线已经有过剧烈的战斗，敌军的 5 个装甲师中，有 4 个在该处与我方交战。英军原计划发动新的进攻，因天气恶劣，只能延迟几天，几个师兵力的调集也因而耽搁了。

明日将开始发起进攻。

英军在意大利境内，正高速向前推进，希望在 6 月份攻占佛罗伦萨，并于 7 月中旬或 7 月底，与比萨－里米尼线接上。关于在这一区域内可能采取的各种战略，我将另电奉告。我认为，我们应遵循的最高原则是：在那些最广泛而又最有效的战线上，将尽可能多的德军拖入战斗。我们唯有奋力作战，才能减轻贵军所承受的压力。

至于德军散布的有关飞弹战绩的流言蜚语，你大可置之不理。飞弹对伦敦的生产或生活并没有造成多大影响。在德军使用飞弹的 7 天中，我们的伤亡人数在 1 万到 1.1 万之间。在下工或上班后，马路上和公园里依然挤满出来享受阳光的人群。整个空袭警报期间，议会里的辩论照常进行。火箭的发展到达高级阶段时，可能会厉害一些。英国人民为能同本国士兵以及他们深为敬佩的贵国士兵略为分担战争的风险而感到自豪。

祝你及你领导下的军队在新一轮攻势中大获全胜。

6 月 26 日，美军第九师和第七十九师攻入瑟堡市区。经过激烈巷战，德军守备司令和瑟堡海军司令投降。美军夺取瑟堡的战役结束，但也付出了惊人的代价。战场上弹坑遍地，弹痕累累，在东倒西歪的德军掩体中到处是各种残骸：弹药箱、各种子弹和破衣烂衫。

德军遵照希特勒的命令把瑟堡变成了废墟。连接巴黎来的火车与横渡大西洋的定期班船之间的火车站被整整一货车炸药炸毁。港区内到处是沉船，布满了水雷。所有大型起重设备和其他港口设备都被破坏了。整个瑟堡港被破坏的严重程度比盟军预计的要严重得多。

同一天，英军第二集团军在蒙哥马利的指挥下，以 4 个师的兵力发起代号为"埃普索姆赛马场"的作战，开始向卡昂发起猛攻。卡昂附近集中了大量德国装甲部队，以迟滞盟军向东面的推进。如果盟军在这个地方突破，德军第七集团军与北面的第十五集团军之间就会出现一个缺口。到那时，通向巴黎的道路就完全敞开了。为此，德军在科蒙至卡昂之间的正面集结了7个装甲师和第八装甲师的部分兵力。这几乎是德军驻法装甲部队的三分之二。同时，在盟军的左翼正面也有2个步兵师。

开始进攻时，英军陆上和海上的大炮一起开火，织起一道密集的火网。可是，这无疑是在通知德军该向何处派遣增援部队。经过两天激战，英军步兵部队和装甲部队已经打到了卡昂西南的战略要地"112高地"。当天中午，英军攻占舍克斯，并继续向前推进，然而左右两翼受到德军党卫军第十二装甲师的坚决反击，推进非常艰难。

6月27日，英军第二集团军经一番苦战，击退了德军的反击，占领劳良，先头部队第十一装甲师控制了奥登河上的桥梁。

同一天，斯大林致电丘吉尔，对盟军占领瑟堡表示祝贺，并告知苏联红军夏季攻势作战行动的近况：

得悉盟军解放了瑟堡，这是你们在诺曼底取得的又一次伟大胜利，对在法国北部和意大利展开军事行动的英勇的盟军将士取得的不断胜利，我谨致以热烈的祝贺。

法国北部的军事行动的规模令希特勒感到越来越害怕，盟军将士在意大利的顺利攻势也很重要和值得赞扬，祝愿你们不断取得新的成就。

至于我们的攻势，可以说我们是不会给德国人喘息机会的，我们将不断加强猛攻德军的力量，目的是不断扩展进攻的战线。相信首相先生一定会同意，为了我们的共同事业，非这样做不可。

至于希特勒使用飞弹，他这样做不论对诺曼底的作战行动，还是对人所共知的英勇的伦敦市民都不会有什么严重的影响。

6月28日，英军第二集团军主力部队渡过奥登河，建立起正面宽3650米、纵深900米的桥头阵地。

6月29日，德军纠集5个装甲师的兵力向奥登河边的英军第二集团军发起反击。盟军空军凭借天气晴朗的有利条件大举出动，对德军装甲部队实施了猛烈的轰炸，瓦解了德军的攻势。英军第十一装甲师乘机占领卡昂西南的战略要地"112高地"。德军深知"112高地"的重要价值，组织了多次反扑。

为了阻挡英军的进攻，德军出动了数以百计的坦克，针锋相对地展开攻势。这些德军部队有的是刚从苏联和法国南部调来的装甲师，他们还来不及听到有关战区情况的详细介绍，就被送上了战场。德军装甲部队刚从隐蔽的集结地点开出，就立即遭到盟国空军猛烈的攻击。英国皇家空军那些能发射火箭的台风式战斗机，发挥了巨大的威力。这次德军反攻集结的全部坦克中，只有200多辆能与英军交锋，其余的坦克以及数倍于此的重要的燃料供应车，在盟军空军的空袭下东歪西斜地倒在公路上，变成一堆堆冒烟的残骸。

德军装甲部队残部从三个方面向英军的突出阵地紧逼过来。德军不少坦克被盟军的飞机、大炮击毁，而更多的坦克则是被步兵使用的并不复杂的"派阿特"反坦克武器阻挡。因为这一带多树，林间没有什么回旋余地。德军坦克尽管装甲很厚、火力很强，但是在英军近距离的攻击下，极易被击毁。双方浴血苦战，僵持不下，"112高地"上炮火纷飞，弹如雨下，双方都不能将它占领。惨绝人寰的屠杀场面，比比皆是。奥登河河水竟然被尸体堵塞。攻势持续了五天五夜，双方作战的激烈程度，在诺曼底的历史上还找不出哪次战役能与之相比。"112高地"的激战吸引了德军正在源源开抵战场的大部分装甲力量，这样有利于美军在右翼取得突破。

同日，德军B集团军群总司令隆美尔和西线总司令龙德施泰特晋见希特勒，汇报了当前的战局。听了两人的汇报后，希特勒非常不满，于是调整了西线高层指挥人员，以东线的中央集团军群总司令克鲁格元帅取代龙德施泰特任西线总司令，埃伯巴赫取代施韦彭布格指挥西线装甲部队，并将所部改编为第五装甲集团军，以党卫军上将豪瑟接替刚刚病故的多尔曼出任第七集团军司令。克鲁格元帅是一个身强力壮而富有进取心的军人。起初，他非常高兴，像所有新上任的司令官一样充满信心。然而，没有高兴几天就变得非常严肃和沉静了，因为战事太严峻了。没过多久，德军不仅整个防御阵线被盟军突破，而且一支人数庞大的部队被围困在法莱兹"袋形地"，全军覆灭。另外，希特勒在免去龙德施泰特职务的同时还授予他一枚银橡叶骑士铁十字勋章，令其休养。

这一天，盟军人工港"桑树B"修复成功，开始接收从英国开来的补给船。10天后，人工港每天的吞货量达到6000吨；20天后，坦克登陆舰码头建成并投入使用，吞货量达7000吨；1个月后，上岸补品达到11000吨的创纪录数字，大量的部队和补给品通过人工港运往诺曼底战场。盟军在实施人工港"桑树"行动的同时，也开始实施"普拉托"行动，即铺设输油管道的工程。至此，盟军犹如汹涌的潮水，不断涌向欧洲大陆，必须采取进一步措施才能使这股洪流不可阻挡。

第七章

诺曼底浴火重生

　　巴顿的部队似乎失去了统一指挥，无法协同作战，却取得了惊人的战果。一些完整的德军部队，由于害怕在树林里被法国抵抗运动的战士杀死，纷纷向一些单独作战的美军坦克中队缴械投降。第六装甲师的某一战斗支队击败了德军具有一整个师兵力的残余部队，自己仅仅伤亡了两名士兵。

◎ 我生日那天赢得胜利

6月30日，德军集中所有炮火全力炮击英军第十一装甲师守卫的"112高地"。在猛烈炮击下，英军难以坚守，只好放弃"112高地"撤到奥登河岸边。德军虽夺回了"112高地"，但一直在盟国空军的猛烈打击下，无法集中使用装甲部队，也就发挥不出装甲部队巨大的突击威力。一股只能使用200名步兵和15～20辆坦克组成小型战斗群进行短促出击的部队难以取得胜利，加上几天来损失的约100辆坦克得不到补充，隆美尔为确保卡昂只好放弃外围一些阵地，将900辆坦克中的700辆部署在卡昂近郊。盟军占领卡卢克机场后，无力推进，双方陷入对峙。

7月1日，美军占领拉阿格角和整个科坦丁半岛，全部肃清守军。清理瑟堡港的工作很快展开，第一批货物于7月16日运到瑟堡港，整个瑟堡港的清理工作直到9月21日才告结束。同日，丘吉尔致电斯大林，祝贺苏联红军取得辉煌成就，并表示不管遇到多大困难都会将战争进行到底。

我必须坦诚相告：贵军取得的辉煌胜利给了我们非常深刻的印象。随着推进的速度日益加快，把处在苏联同华沙进而同柏林之间的德军全部消灭指日可待了。我一直在关注着你们取得的每一个胜利。我深知，这一切是自德黑兰会议以来，贵军实施的第二波战役。在第一波战役中，贵军收复了塞瓦斯托波尔、敖德萨和克里米亚，进而贵军先头部队推进至喀尔巴阡山、塞勒特河和普鲁特河一带。

诺曼底的战斗仍然在激烈地进行。6月的天气非常糟糕，我们不仅在海滩遭遇了多年来夏季从未有过的暴风，而且天空总是阴云密布。这就使我们发挥不出我们的空中压倒性优势，反而有助于敌军的飞弹袭击伦敦。我希望，7月份的天气能变得好些。在激烈的战斗中，我们仍然占着上风，尽管有8个德国装甲师在我们的战区内进行疯狂对抗，我们的坦克仍占很大优势。目前已有75万余人登陆，英美军队各占一半。在每条战线上，敌军被打得狼狈不堪，横尸遍野。我同意你说的：这场战争一定要进行到底。

这一天，盟军宣布"霸王"登陆战役中的海军作战即"海王"作战胜利结束。东、西特混舰队的番号同时被撤销，所属舰艇部分被调往地中海和太平洋。盟军在诺曼底新设立了两个海军基地司令部：一个在瑟堡，一个在"朱诺"海滩的人工港，具体负责指挥调度人员、物资的运输和卸载。到7月初，盟军登陆25个师，其中13个美国师、11个英国师、1个加拿大师，共100万人、56.7万吨物资、17.2万部车辆。盟军还是觉得登陆滩头太狭窄，需要继续扩大登陆场。美军为保障日后能展开大规模的装甲部队，取得有利的进攻出发阵地,第一集团军在攻占瑟堡后马不停蹄立即挥师南下。

7月3日,盟军集中14个师向诺曼底登陆场正面的7个德国师发动猛攻。因前进的道路上是大片沼泽和诺曼底地区特有的树篱地形,易守难攻,加上天气不好空军无法出动,所以部队进展缓慢,5天仅前进6.4公里,伤亡高达5000人。接下来,经过7天的浴血奋战,又有5000人伤亡才向前推进4.8公里。伤亡如此之大,主要是前进道路两侧都是沼泽,只能展开1个师的兵力,在遍布地雷、障碍物的道路上粉碎德军的顽强抵抗。

7月6日,盟军最高统帅部直属的美军第三集团军在巴顿将军的指挥下,横渡英吉利海峡,踏上欧洲大陆。登陆部队未遭任何抵抗,也未遭到任何轰炸,甚至涉水湿足的也没有几个人。

发起攻击前,巴顿告诉随军记者:"我们将从敌军的西部防线进行突破,然后分兵两路,一支装甲先头部队将拦腰切断布列塔尼半岛,直取布勒斯特;另一支装甲先头部队驰驱向东,准备围歼德第七集团军。"巴顿说完后,还不忘加上这么一句:"我准备在两星期后挥师出击,到11月11日我生日那天,赢得这场战争的胜利!"

巴顿,全名乔治·史密斯·巴顿,1885年11月11日生于美国加利福尼亚州一个具有文韬武略的传统家庭。18岁时进入私立弗吉尼亚军事学院学习,一年后获得西点军校的保送资格。1909年6月,巴顿军校毕业,随即以少尉军衔在第一集团军骑兵部队服役。1939年9月,德国入侵波兰,第二次世界大战全面爆发,美国面临战争。巴顿的军事才能得到陆军参谋长马歇尔的赏识,认为他是能在战场上战胜快速机动的德军的优秀将才。1940年7月，马歇尔批准组建装甲师，巴顿受命组建一个装甲旅，并被晋升为准将。同年，巴顿被任命为第二装甲师师长，晋升为少将。

珍珠港事件之后，美国对德意日轴心国宣战。1942年1月，巴顿升任第一装甲军军长。11月，巴顿率领美国特遣队4万多名官兵横渡大西洋，在法属摩洛哥实施"火炬"登陆，经过74小时的激战，终于迫使驻摩洛哥的德军投降，北非登陆的成功为盟军顺利完成北非战局部署创造了有利条件。随后，巴顿被任命为美国驻摩洛哥总督。1943年3月5日，巴顿临危受命，接任被隆美尔击败的美军第二军军长，他从到达第二军的那天起，便全力以赴地整肃军纪，迅速改变了全军涣散软弱的状态。3月17日，面貌一新的美军第二军向德军发起进攻，一路猛攻猛打，进展迅速，很快与英军在突尼斯北部完成了对德军的合围。突尼斯战役后不久，巴顿晋升中将军衔，任美军第七集团军司令。

1943年7月9日，盟军发起西西里岛登陆战役。巴顿指挥美军第七集团军攻取巴勒莫，随后抢在蒙哥马利之前拿下了墨西拿城。盟军占领了西西里岛，德军被迫退到意大利本土。1944年，巴顿出任第三集团军司令，作为第二梯队参加诺曼底登陆，指挥装甲兵团横扫西欧大陆，直至奥地利。9个月时间，歼敌140万，解放大小城镇1.3万座，且相对伤亡最小。1944年12月，巴顿率第三集团军在阿登地区击退德军的猛烈反扑，解救了被围的盟军部队。1945年3月，巴顿再次抢在蒙哥马利之前渡过莱茵河。1945年5月初，巴顿的第三集团军一直推进到奥地利边境才停下脚步。在9个月的推进中，巴顿部队歼敌140余万，取得了惊人的战果。4月16日，巴顿被晋升为四星上将。1945年5月

8 日，德国投降，欧洲战场的战争结束，巴顿被任命为巴伐利亚州军事长官。12 月 9 日，巴顿在外出打猎时突遇车祸而受重伤，21 日在德国海德堡一家医院辞世，享年 60 岁。

巴顿是一位令希特勒闻风丧胆的将军，他常常训诫他的部队，胜仗是用血和胆赢得的，因此获得了"血胆将军"的称号。他常常叼根雪茄，腰间挂着两支象牙把柄的 54 口径手枪。巴顿快人快语，口出粗言，在他的口中，德国人不叫敌人，叫"杂种"。他曾在记者会上坦率地为他的角色和政策做过总结："我们的任务是杀人、俘虏和征服。"他的坏脾气有好几次差点毁了他的事业，盟军总司令艾森豪威尔认为巴顿无可替代，所以才救了他。

◎ 世纪之战

7月7日21时50分，盟军出动460架次重型轰炸机，对德军驻守的卡昂阵地进行密集轰炸，40分钟里投弹达2500吨。

7月8日凌晨4时20分，英军2个师和加拿大军1个师在盟军海军舰炮的支援下，向德军驻守的卡昂实施向心突击。盟军的猛烈轰炸虽给德军造成了惨重伤亡，却也造成了遍地瓦砾废墟，道路损坏程度甚至严重影响了己方地面部队的推进，使得英军于10日才占领卡昂。在随后的一周里，盟军一边补充兵力物资，一边向正面的德军施加压力，使其无法调整部署。

7月9日，德军党卫军装甲教导师被调到维尔河地区，抗击美军的攻势。尽管该师全力奋战，仍然无法阻止美军前进的步伐。

7月10日，回到南非的史末资陆军元帅给丘吉尔发来一封颇有远见且发人深思的电报：

当前，苏联军队进展神速及我军占领卡昂，自然形成了一个值得我们欢呼的令德国人权衡轻重的局面。按照当下的形势发展，德军根本没有办法应付两条战线。很快，他们就会决定究竟是把主力用于抵御来自东方的苏联人，还是用来应付来自西方的攻击。他们深知，苏联人的入侵意味着什么，所以他们非常有可能决定把大部分兵力用在东线战场。如果德国人真要这么做，将大大减轻我们的压力。我们既然已经占领卡昂，就应继续保持主动，不断发动攻势，并且应尽快推进至德国飞弹基地后方。对于影响亚历山大的部队向前推进的决定（笔者注：法国南部登陆的决定），我只能表示遗憾。然而，鉴于你曾多次成功地排除类似的障碍，我仍然希望你的战略有种种可靠的军事上和政治上的理由，最终再度顺利实现。

7月11日，盟军陆军总司令兼第二十一集团军群司令蒙哥马利致电丘吉尔：

来电收悉，感谢你的贺电。我们急需卡昂。为保证迅速取胜，我们动用了大批空中力量开赴卡昂。沿途一片严重破坏的景象，卡昂城也遭到严重破坏。今天一整天，敌第九和第十装甲师一直在疯狂反扑，妄图夺回在厄夫雷谢东北方的第1和第2号据点。另外，敌军还有一个师向圣洛西北方的美军第三十师不断发动猛扑。上述敌军3个师受到严重损失，他们越是这样向我们攻击，对我们越好。一切进展得非常顺利。

同一天，美军向诺曼底地区重要的交通枢纽圣洛发动钳形攻击，但德军依托预先构筑的工事拼死抵抗，致使美军的攻击未能如愿。美军只得停止攻击，开始整顿部队，补充弹药，准备第二轮攻势。这个时候，德军人员、装备、弹药所剩无几，又得不到补充，已经到了山穷水尽的地步。

　　7月17日下午，德军西线B集团军群总司令隆美尔视察前线后驱车返回总部，途中遭到一架低空巡飞的英国皇家空军战斗机的扫射，翻车受伤。隆美尔人事不省，伤势沉重，被送入医院，从此再也没有重返战场。出院后，隆美尔由于先前参与谋害希特勒的秘密活动，事败后于1944年10月自杀。

　　17日这一天，在盟军进攻部队与德军防守的法莱兹开阔平原之间，德军隐蔽埋伏了88毫米口径火炮群，排列密集。英军装甲部队和步兵部队不顾伤亡惨重，持续猛攻了72个小时。战斗结束时，英军损失了200辆坦克和1500多名士兵。

　　7月18日，美军终于攻占了交通枢纽圣洛，将德军B集团军群分割。在圣洛战斗中，德军在诺曼底地区重要的前线指挥第八十四军军长马克斯中将阵亡，美军也付出了4万人死亡的巨大代价。随着圣洛的失守，德军在诺曼底地区的防线被盟军分割为两段，局面越来越不利。

　　为进一步将登陆场扩大至奥登河至迪沃河之间，英军继续由卡昂向东南推进，为配合英军的进攻，盟军实施了更为猛烈的空中轰炸，共出动1700架次重型轰炸机和400架次中型轰炸机，投弹达1.2万吨。此次轰炸吸取对卡昂轰炸的教训，炸弹都改用瞬发引信，以减少对道路的破坏。德军也改变了战术，采取纵深梯次防御，大量使用88毫米口径的高射炮平射坦克，并在有利地形下不断组织反冲击，导致英军伤亡很大，坦克损失达150辆，进攻被迫停止。尽管英军的进攻没有取得什么进展，但是在整个战场上，盟军推进到卡昂－科蒙－圣洛－莱索一线，形成正面宽 150 公里、纵深 15～35 公里的登陆场，建立了具有战略性质的桥头堡。

从 6 月 6 日至 7 月 18 日的诺曼底登陆战役，是 20 世纪最大的登陆战役，也是战争史上最有影响力的登陆战役之一。盟军先后调集了 36 个师，总兵力达 288 万人，其中陆军有 153 万人，相当于 20 世纪末美国的全部军队。德军先后调集 138 万人。战争双方损失近 24 万人，其中盟军伤亡 12.2 万人，德军伤亡和被俘 11.6 万人。

◎ "眼镜蛇" 攻势

7月19日，大雨倾盆，战场化为一片汪洋。盟军陆军总司令蒙哥马利命令英军停止进攻。按照蒙哥马利的设想，英军对德军实施的"赛马会"攻势将一举踏平德军防御工事，可结果是英军虽损失了400多辆坦克，牺牲了大量步兵，仅仅突入德军防线11公里，建立起一条很不稳固的狭长突出阵地。"赛马会"攻势没有取得成功。

德军尽管设法顶住了"赛马会"攻势，但是这一攻势给他们造成了巨大的恐慌，并使希特勒及其最高统帅部终于相信，诺曼底登陆是盟军的主要入侵行动。希特勒命令守卫加莱海峡的训练有素的第十五集团军25万人立即投入诺曼底战场。由于塞纳河南岸大片地区内的交通线遭破坏，第十五集团军一个月后才能抵达诺曼底，显然为时已晚。

英军"赛马会"攻势失利后，艾森豪威尔和其他盟军高级将领对盟军陆军总司令蒙哥马利失去信心，而美军第一集团军司令布莱德雷像英国总参谋长布鲁克一样对蒙哥马利的战略表示赞赏。布鲁克指出，此时英国的第二集团军不仅牵制了德军的大部分装甲部队，而且正极其迅速地将其歼灭，使德军根本来不及补充。

这时的英军正在从奥登河至科蒙的 64 公里长的战线上作战，美军的战线则由科蒙向西绵延 64 公里，穿过科坦丁半岛一直到大海。德军在其防线上的两个重要突出部科蒙和卡昂，集结了大部分装甲和炮兵部队。表面上看上述两条战线似处于僵持状态，实际上盟军已占领了实施突破所必须的阵地。

7 月 25 日，盟军发动了"眼镜蛇"攻势。此次攻势旨在为巴顿的第三集团军迅猛突进打开一个突破口。盟军对圣洛西面一块长 8 公里、宽 2 公里的长方形德军防御阵地实施了大规模炮击，此外还出动了大约 3000 架美国空军轰炸机，投下了 4000 吨高爆炸弹、杀伤炸弹和凝固汽油弹。据德军将领拜尔莱因说，美国飞机的轰炸使这一地区布满了巨大的弹坑，如同月球上的景象。到处是火山口，死亡笼罩着一切。拜尔莱因估计，阵地上的德军部队有 70% 丧失了战斗力，不是被炸伤、炸死就是吓得神志不清。

通往突破口的路上及突破口周围是一片溪流沼泽密布、行动困难的乡间田野，3 个强悍的美军步兵师历尽艰辛，一步一步占领使坦克部队能够列队展开的阵地。在美军坦克和步兵向前推进的同一时刻，空军第九航空队的战斗轰炸机为其提供支援。坦克先头部队中，设有目测监视哨，与低飞的轰炸机保持直接通话联系，而这些轰炸机则随时准备根据地面部队的指令，对德军的各个目标进行轰击。

7 月 27 日，巴顿的第三集团军占领库汤斯。负责防守这条战线的德军第七集团军开始后撤，有序撤退很快演变成一场溃败。

7 月 30 日，巴顿率第三集团军进入阿弗朗什，盟军终于取得了突破。巴顿及其第三集团军接下来的任务是横扫布列塔尼半岛，攻占岛上各主要港口。

与此同时，蒙哥马利命令英军第二集团军攻打卡昂－圣洛一线，加拿大军从卡昂南面向法莱兹方向发动进攻，继续牵制德军的大部分装甲和炮兵部队。蒙哥马利开始把主要兵力从卡昂调往科蒙，准备夺取维尔河和奥登河之间的高地。

布莱德雷打算趁德军大部分装甲和炮兵部队忙于应付北面英、加部队之机，指挥第一集团军迅速从南面包围德军。因为德军的全部兵力都用来抵挡英军的进攻，他们层层稠密配置坦克、机关枪、迫击炮和威力强大的 88 毫米口径火炮，企图控制这一带战场，所以美军趁机在右侧发起的攻势能够迅速取得进展。

希特勒终于感觉到局势的严重性，于是命令西线总司令克鲁格从英加战线抽调 4 个装甲师切断美军第三集团军的装甲部队。克鲁格一直到 8 月 7 日才使反攻部队从英加战线上脱身。而此时，盟军已有 4 个集团军在挥师东进，直扑 160 公里外的塞纳河。同时，盟军的大规模空袭已完全破坏了巴黎与海岸之间的所有桥梁。

美军第三集团军几乎不费吹灰之力就打开了局面，锋芒所指，势如破竹。其进展之神速，令人眼花缭乱；其战果之辉煌，令人振奋。第三集团军沿着莱塞－库汤斯公路呼啸着向前突进，争先恐后地涌过莱塞山隘，踏上路面良好的海滨公路，穿过库汤斯和阿弗朗什，进入法国心脏地区的大门。此时，展现在美军面前的是：平坦宽阔的碎石公路。第三集团军尽可长驱直入，直扑德国边境。隶属于第三集团军的自由法国第二装甲师师长勒克莱尔将军感到这种情况似乎是"1940 年战局的重演，只不过胜败双方颠倒了过来。敌人在我军出其不意的攻击下，乱作一团，溃不成军"。

美军第三集团军全速越过一条隘道，然而这条隘道实在太窄。巴顿深知，德国空军几乎被赶出了法国上空，德军大部分装甲部队被牵制在其他战场无法脱身。在这种情况下究竟如何行动，此时的巴顿比谁都清楚："我如果担心部队两翼，那这仗就根本无法打下去了。"

8 月 1 日，美军组建了第十二集团军群，布莱德雷任总司令，辖巴顿的第三集团军（第八、第十二、第十五、第二十军）和霍奇斯的第一集团军（第五、第七和第十九军），共 5 个装甲师、16 个步兵师，约 40 万人。

第三集团军的 4 个军在阿弗朗什集结待命，巴顿命令各军呈扇形展开，第八军向西直扑布列塔尼半岛顶端的布雷斯特，其他 3 个军向东推进。第十五军 3 天内向前推进了 110 公里，抢占了通往勒芒的公路。面对盟军具有绝对的优势兵力的强大进攻，德军只能退到塞纳河一线防守。希特勒不相信西线总司令克鲁格，怀疑西线德军没有尽力作战。于是，他把加莱的第十五集团军的几个师调到诺曼底，并从法国南部调来兵力，准备与盟军决一死战。

◎ 猛冲，不顾一切

8月3日，希特勒将代号"吕希特"的作战计划下达给西线总司令克鲁格，下令克鲁格指挥所部装甲师从莫尔坦向阿弗朗什发起进攻，切断向东突进的美军第三集团军的交通线，将美军抛入大海。如果德军有制空权，这倒不失为一个合理的计划，但问题是德军根本没有制空权，因此这无异于自杀。

8月6日，美军第三集团军的装甲部队以惊人的速度向前推进。向南方和东南方进击的部队猛攻克马延和拉瓦耳；向西面推进的部队已将德军赶出布列塔尼半岛的内陆，把他们堵死在半岛的各港口内。其中，布列塔尼的法国抵抗运动显得特别可贵，他们不断骚扰退却中的德军，不让德军破坏那些可为美军利用的设施。

8月7日凌晨，德军终于从勒芒发动反攻。希特勒企图出动装甲部队进攻阿弗朗什，切断美军第三集团军的补给线，然后挥师北上，击溃并消灭科坦丁半岛上的美军。然而，德军遭到美军的顽强抵抗。此时，但凡了解诺曼底灾难性局面的德军指挥官全都会意识到诺曼底之战已告失败，现在要做的事情只能是着手组织一场迅速而有条不紊的撤退，据守塞纳河，阻挡盟军各路部队的集中进攻。

德军从驻守加莱海峡沿岸的第十五集团军调来4个师。然而，希特勒并不想用这支兵力掩护撤退，而是要他们进攻阿弗朗什。这4个师是痛击莫尔坦美第一集团军的一部分兵力，德军投入的兵力共有5个装甲师和2个步兵师。阻挡德军猛攻的最初只有美军1个师，该师官兵坚决抵抗，将德军顶住，直到盟军其他部队赶来增援为止。

美军第一集团军从维尔紧直逼阿弗朗什，英军第二集团军向孔戴发动进攻，巴顿派出一个整军经阿朗松向北驰往阿尔让唐，从南路猛扑德军。与此同时，加拿大军队奋力冲杀，终于开进长期争夺不下的法莱兹。德军反攻部队被紧紧压缩在法莱兹和莫尔坦之间一块狭窄的袋形地带，处境岌岌可危。盟军的大炮、轰炸机和战斗机很快就把这块袋形地带变成了一个可怕的"屠宰场"。

巴顿事先接到关于德军可能出动几个装甲师发动进攻的报告，但他认为这只是德军的虚张声势，其真实意图乃是掩护撤退。以防万一，他还是命令在圣伊莱尔附近的第八十步兵师、第三十五步兵师和法国第二装甲师停止前进。随后，他又命令自由法国第二装甲师师长勒克莱尔率部在富惹尔集结，扼守重要的公路交叉点，以保卫第三集团军两翼的空隙地带。

中午时分，乌云消散，发射火箭的"台风"式盟军战斗机猛袭德军装甲部队。一些德军装甲部队被"台风"式机群在狭窄小道内截住，尽遭覆灭。午后不久，德军按计划向阿弗朗什发动进攻，想切断并粉碎美军第三集团军，但是离出发地点还不到几公里，这场攻势就这样被盟军遏止住了。不过，第三集团军还是经历了好几个昼夜的艰苦混战，才得以继续向前推进。第三集团军采用的战术是，把部队编成若干坦克群，不顾一切向前猛冲，遇到德军立即集中火力猛击。整个战场混乱不堪，双方都不知道在何时何地会突然遇到对手。

8月13日，美军第二十军遇到一些零星抵抗，于是巴顿一面命令主力部队向勒芒的东北方挺进，一面派出战斗支队夺路南下，进取卢瓦尔河畔的翁热和南特。布莱德雷和蒙哥马利决定发起全面总攻，开始包围德军主力。加拿大军从北面奋力推进，美军第一集团军由西北面和西面步步紧逼，而美军第三集团军的装甲部队和步兵部队则从正面大举北上。加拿大军队和巴顿所属法、美先头部队驻守着阿朗松－瑟埃－阿尔让唐一线，而德军东撤的唯一道路就是这两支部队之间的空隙地带。

巴顿准备出动装甲部队由南面直扑法莱兹，以封闭这块空隙地区。然而，布莱德雷已下令要他停止前进。盟军失去了把一个将陷于绝境的庞大德军一网打尽的大好机会。关于这一点，至今仍有争议。巴顿坚决认为美军第十五军原可不费气力进抵法莱兹，但是布莱德雷考虑到阿尔让唐南面，特别是埃库弗森林内德军的抵抗越来越强烈，所以决定停止美军的南路攻势。

布莱德雷命令勒克莱尔率领所部，外加一个美国步兵师，坚守卡鲁热以及阿尔让唐南面和东面的阵地；巴顿的其余部队则按蒙哥马利的原来计划，继续展开闪电攻势，即向塞纳河挥戈东进，在德军到达该河之前将其截住。美军装甲部队在开阔的田野上纵横驰驱，如入无人之境，直逼奥尔良、夏特勒和德勒。布莱德雷毫不含糊地命令巴顿："把所有的本钱拿出来，率部全速向东突进。"布莱德雷给美军第十五军的任务是，从南路完成盟军围堵德军第七集团军的钳形攻势。

这一天，美军第十五军占领了阿尔让唐及其主要公路，可是这时空隙地带仍有 29 公里宽。"巴顿由于我下令不许他率部封闭空隙一带而怒不可遏"，布莱德雷后来这样写道，"不过蒙哥马利从未禁止他这样做，而我也从未建议由美军部队封闭阿尔让唐和法莱兹之间的缺口。我十分满足于实现我们的原定目标，而不愿承担另外的任务。巴顿或许能够在此狭窄的咽喉地带建立一条防线，但是我怀疑他是否能将其守住。德军此时有 19 个师争先恐后地从这个缺口突围，而巴顿手下的 4 个师正封锁着阿朗松、瑟埃和阿尔让唐这3 条德军主要退路。假若他将封锁线拉长到 64 公里，那么敌军不仅可能突破我军封锁线，而且突破时还会将巴顿的阵地踏平。我宁可在阿尔让唐保留着坚实的肩膀，而不愿冒在法莱兹折断颈骨的危险。"

◎ 血肉沸腾的大锅

　　8 月 14 日凌晨，美军第一集团军和第三集团军之间的接合部压缩至 29 公里宽。德军第七和第五集团军的密集装甲部队在英、加部队连续不断的攻击下，缓慢地向后退却。美军和德军对每一条江河山川，对每一道沟渠树篱，展开了激烈的争夺。所有人甚至连巴顿在内，都不知道第三集团军所属的各支部队的行踪。巴顿下令部下："以最快的速度，向一切可以推进的地方前进！"

　　巴顿的部队似乎失去了统一指挥，无法协同作战，却取得了惊人的战果。一些完整的德军部队，由于害怕在树林里被法国抵抗运动的战士杀死，纷纷向一些单独作战的美军坦克中队缴械投降。美军第六装甲师的某一战斗支队击败了德军具有一整个师兵力的残余部队，自己仅仅伤亡了两名士兵。

　　8 月 15 日，当美军第三集团军横穿法国腹地向塞纳河挺进时，一个美、法联合集团军以及一些英、加部队由美军将领雅各布·德弗斯指挥，粉碎了并不怎么激烈抵抗的德军后，在法国南部登陆。

当盟军在南方发动这场新的攻势的时候，法莱兹周围的德军正在拼命抵抗英国、加拿大、波兰各部队的进攻。此时，厄库会一带的自由法国部队向前逼进，空隙地带被压缩到18公里。法莱兹袋形地带内的德军部队四面受敌，弹药已快消耗殆尽，全军即将土崩瓦解。据报告，德军西线总司令克鲁格已不知去向。盟军的猛烈空袭使德军的无线电通信网陷于瘫痪，德军各部队乱作一团。

8月16日，德军主力终于接到了撤退命令，德军5个装甲师猛攻阿尔让唐，该地的3个美军师勉强挡住了德军的进攻。与此同时，加拿大第一集团军占领了法莱兹，但他们离美军仍有25公里，德军此时拼死冲向这个缺口。两条乡间小路上到处挤满了德军的坦克、车辆与人员，他们趁着恶劣的天气，盟军飞机出动不了的良机，拼命突围，总算冲出了一些部队。

8月17日，德军后卫部队仍在顽强抵抗，掩护着溃败的其余部队源源不断向东后撤。前一段时候，天气恶劣，双方胶着混战在一起，盟国空军无法参加战斗。现在乌云消散，天空放晴，于是易于捕捉的攻击目标又呈现在第二战术航空队的"台风"式和"喷火"式战斗机的面前。盟军飞机对突围的德军进行了无情的轰炸和扫射，成千上万的德军被打死。

这一天，上任不到两个月的德军西线总司令克鲁格被希特勒撤职。两天后，他在乘车返回德国的途中吞服氰化物自杀。他在给希特勒的最后一封信中说道，虽然他认为自己对于其部队的失败没有任何罪过，但他看不出自己在德国国内会获得多大同情。看来自杀是他可以采取的唯一的体面方法。他要求希特勒认识到德国绝望的处境并缔结和约。

8月18日，德军撕开了一道13公里宽的缺口。然而，这时盟军的作战飞机和大炮发挥了极其强大的威力，很快就将这道缺口封死了。德军被紧紧逼入急剧收缩的袋形阵地内。当他们沿着公路穿越田野拼命向东逃窜时，成千上万士兵被打死。

艾森豪威尔在谈到这场触目惊心的大屠杀时说："毫无疑问，法莱兹战场是战争上曾出现过的最大的屠宰场之一。那一带的通道、公路和田野上到处塞满了毁弃的武器装备以及人和牲畜的尸体，甚至想通过这个地区都非常困难。那道缺口闭合48小时后，人们领我步行通过该地区，我所见到的那幅景象，只有但丁能够描述出来。一口气走上几百米路，而脚都是踩在死人和腐烂的尸体上，这种情况确确实实是非常可悲的。"

在德军力图由缺口处逃命的6天中，大约有1万人死亡，此外还有5万人被俘。在从缺口逃出来的2万～5万名战俘中，很多人没到塞纳河畔就被打死了。法莱兹以西犹如一口血肉沸腾的大锅，德国人则称它为"法莱兹开水壶"。

德军主力遭到毁灭性打击。与此同时，被分割包围在其他地区的数千名德军，也缴械投降。德军有8个步兵师和2个装甲师几乎全军覆没。希特勒希望用来粉碎西线盟军的整个军队被彻底击溃。

至此，诺曼底战役陆上作战全部结束。接下来，盟军各路部队开始发动更大规模的进攻，矛头直指法国首都巴黎。

8月19日，美军和加拿大军队在阿尔让唐与法莱兹之间的尚瓦布、特兰会师，把德军的12个师装进"口袋"。因"口袋"口的兵力相对较弱，有些德军还是冲了出去，其中包括一半左右的装甲师。德军逃出了总数的三分之一，没有逃出去的德军在越缩越小的包围圈内苦苦挣扎，被盟军的飞机、大炮与机枪杀死。

这一天，巴黎人民发动了武装起义，迎接盟军的到来。

盟军进入巴黎

8 月 25 日，盟军出现在巴黎凯旋门前和香榭丽舍大街上。德军守将肖尔蒂茨将军拒绝执行希特勒炸毁巴黎的命令，率部投降。巴黎万人空巷，到处是三色旗、星条旗和米字旗。市民们涌上街头，打开香槟，与盟军将士共饮，祝贺巴黎获得新生。

至此，诺曼底战役圆满完成了它的使命。截至 8 月底，盟军共消灭或重创德军 40 个师。其间，德军有 3 名元帅和 1 名集团军司令被撤职或者离职，击毙与俘虏德军集团军司令、军长、师长等高级将领达 20 人，缴获摧毁德军火炮 3000 多门，摧毁战车 1000 多辆。德军损失飞机 3500 架，坦克 13 万辆，各种车辆2万辆，人员近50万。

9月3日，盟军收复比利时首都布鲁塞尔，次日占领了世界最大的港口——法国的安特卫普。盟军所到之处，德军望风而逃，遇到的所有阻碍是蜂拥上前、热烈欢迎的人群。

9月12日，从法国南部北上的盟军与从诺曼底登陆的盟军在法国第戎附近胜利会师。在总司令艾森豪威尔的指挥下，盟军在西欧大地自北向南展开3个集团军群，剑锋直逼德国本土。